Paul Maurer

Datenschutz im Smart Home

Deckt die europäische Datenschutz-Grundverordnung alle Risiken ab?

Bibliografische Information der Deutschen Nationalbibliothek:

Die Deutsche Nationalbibliothek verzeichnet diese Publikation in der Deutschen Nationalbibliografie; detaillierte bibliografische Daten sind im Internet über http://dnb.d-nb.de abrufbar.

Impressum:

Copyright © Studylab 2019

Ein Imprint der Open Publishing GmbH, München

Druck und Bindung: Books on Demand GmbH, Norderstedt, Germany

Coverbild: Open Publishing GmbH | Freepik.com | Flaticon.com | ei8htz

Inhaltsverzeichnis

Abkürzungsverzeichnis

a.A.	anderer Ansicht
a.a.O.	am angegebenen Ort
AEUV	Vertrag über die Arbeitsweise der Europäischen Union
Alt.	Alternative
Art.	Artikel
Aufl.	Auflage
BDSG	Bundesdatenschutzgesetz (in der neuen Fassung v. 30.06.2017)
BDSG aF	Bundesdatenschutzgesetz (in der alten Fassung v. 14.01.2003)
Begr.	Begründer
Beschl.	Beschluss
Bez.	Bezug
BGBl.	Bundesgesetzblatt
BGH	Bundesgerichtshof
BMWi	Bundesministerium für Wirtschaft und Technologie
BSI	Bundesamt für Sicherheit in der Informationstechnik
bspw.	beispielsweise
BT	Bundestag
BVerfG	Bundesverfassungsgericht
BVerfGE	Entscheidungen des Bundesverfassungsgerichts
BVerwG	Bundesverwaltungsgericht
bzgl.	bezüglich
bzw.	beziehungsweise
CR	Computer und Recht (Zeitschrift)
Dok.-Nr	Dokumentennummer
Drs.	Drucksache

DS	Datenschutz
DSGVO	Datenschutz-Grundverordnung (VO 2016/679)
DS-GVO	Datenschutz-Grundverordnung
DSRL	Datenschutz-Richtlinie
DuD	Datenschutz und Datensicherheit (Zeitschrift)
DVBl	Deutsches Verwaltungsblatt (Zeitschrift)
Eg.	Erwägungsgrund (zur DSGVO)
Einl.	Einleitung
engl.	englisch
Entsch. v.	Entscheidung vom
entspr.	entsprechende
EnWG	Gesetz über die Elektrizitäts- und Gasversorgung
et al.	und andere
EU	Europäische Union
EuCML	Journal of European Consumer and Market Law (Zeitschrift)
EuGH	Europäischer Gerichtshof
EUV	Vertrag über die Europäische Union
EuZW	Europäische Zeitschrift für Wirtschaftsrecht
f.	folgend(e)
ff.	fortfolgend(e)
gem.	gemäß
GG	Grundgesetz
ggf.	gegebenenfalls
GPS	Global Positioning System
GRCh	Charta der Grundrechte der Europäischen Union
grds.	Grundsätzlich
hM	herrschende Meinung
Hrsg.	Herausgeber

Hs.	Halbsatz
i.d.R.	in der Regel
i.d.S.	in diesem Sinne
i.E.	im Erscheinen
i.e.S.	im eigentlichen Sinne
IP	Internetprotokoll
i.R.d.	im Rahmen der
i.S.	im Sinne
i.S.d.	im Sinne des
i.S.v.	im Sinne von
i.V.m.	in Verbindung mit
IoE	Internet of Everything
IoT	Internet of Things (Internet der Dinge)
IT	Informationstechnologie
K&R	Kommunikation und Recht (Zeitschrift)
Kap.	Kapitel
lit.	Litera (Buchstabe)
MMR	Multimedia und Recht (Zeitschrift)
mögl.	mögliche
MsbG	Messstellenbetriebsgesetz
NJW	Neue Juristische Wochenschrift
Nr.	Nummer
NVwZ	Neue Zeitschrift für Verwaltungsrecht
NZBau	Neue Zeitschrift für Baurecht
PbD	Privacy by Design
RDV	Recht der Datenverarbeitung (Zeitschrift)
RFID	radio-frequency identification
Rn.	Randnummer

Rs.	Rechtssache
S.	Satz
s.	siehe
Slg.	Sammlung von Entscheidungen, Gesetzen etc.
sog.	sogenannte(r)
Stellungn.	Stellungnahme
TK	Telekommunikation
TK-Anbieter	Telekommunikationsanbieter
TKG	Telekommunikationsgesetz
TMG	Telemediengesetz
Tz.	Teilziffer
u.U.	unter Umständen
u.v.m.	und viele mehr
u.a.	unter anderem
Urt.	Urteil
Urt. v.	Urteil vom
v.	von
Var.	Variante
versch.	verschiedene
vgl.	vergleiche
vrs.	voraussichtlich(en)
VuR	Verbraucher und Recht (Zeitschrift)
WP	Working Paper
z.B.	zum Beispiel
z.T.	zum Teil
ZD	Zeitschrift für Datenschutz
zust.	zuständig(e)

1 Einleitung

„If you want to keep a secret, you must also hide it from yourself."

George Orwell, 1984

Schaut man sich heutzutage Science-Fiction Filme aus den 1970er oder 80er Jahren an, werden wohl die meisten ein leichtes Schmunzeln auf den Lippen haben. Viele der Vorstellungen, die die Filmemacher[1] damals von der Zukunft hatten, sind skurril und heute genauso weit von der Realität entfernt, wie auch früher schon. Allerdings entdeckt man in diesen Filmen z.T. auch Technologie, die einem bekannt vorkommt, wie z.B. ein portables Kommunikationsgerät mit Touchscreen in der Serie „Star Trek: The Next Generation". Unabhängig davon, ob die Zukunftsvisionen von damals umgesetzt wurden oder nicht, eines zeigt sich dort immer wieder: Der Wunsch des Menschen, seine tägliche Arbeit an intelligente Maschinen abgeben zu können.[2]

Eine der technischen Neuheiten der letzten Jahre, verfolgt genau dieses Ziel. Das Leben der Menschen angenehmer, leichter und sicherer zu machen, ohne dass diese dabei selbst tätig werden müssen. Die Sprache ist vom Smart Home, das auch als „elektronisches" oder „intelligentes" Haus, als „Connected Home", „Aware House" oder sogar als „Home of Future" bezeichnet wird.[3]

Eine weitere Entwicklung, der letzten Jahre ist die zunehmende wirtschaftliche Bedeutung von Daten. Der Begriff *Big Data* und Unternehmen wie *Facebook* oder *Google* sind allgegenwärtig. Mit dem allgemeinen Interesse an Daten wächst allerdings auch das Bedürfnis, sich davor zu schützen, dass persönliche Daten in die falschen Hände geraten.

Dieser Schutz ist das erklärte Ziel des Datenschutzrechts, das just zum Datum der Fertigstellung der vorliegenden Ausarbeitung, durch die Datenschutz-Grundverordnung eine Novellierung erfahren hat.

Diese Arbeit greift beide Innovationen auf und thematisiert, in wie fern das neue Datenschutzgesetz der EU den Anforderungen einer intelligenten Wohnumgebung

---

[1]   einzig aus Gründen der Lesbarkeit wird in der vorliegenden Arbeit auf die Verwendung männlicher und weiblicher Sprachformen verzichtet. Sämtliche Personenbezeichnungen gelten gleichermaßen für beide Geschlechter.

[2]   *Langheinrich* in: Fleisch/Mattern (Hrsg.), S. 335.

[3]   Skistims, Smart Home, S. 68.

gerecht wird. Insbesondere soll die Frage beantwortet werden, welchen Einfluss die Wahl der Steuerungstechnik auf den Datenschutz in einem Smart Home hat.

Zunächst wird dazu erläutert, was unter einem Smart Home zu verstehen ist und welche Verwendungsmöglichkeiten und Risiken damit einhergehen. In Kap. 3 wird das technische Umfeld und einige spezifische Begriffe erläutert, gefolgt von einer Auseinandersetzung mit dem rechtlichen Rahmen. Im 5. Kap. werden drei Optionen, die in Bezug auf die Steuerung des intelligenten Zuhauses möglich sind, dargestellt und welche datenschutzrechtlichen Besonderheiten diese mit sich bringen. Zuletzt folgt eine Zusammenfassung der gewonnenen Erkenntnisse.

2 Was versteht man unter einem Smart Home?

Generell verwendet man den Begriff Smart Home, wenn Kommunikations- und Informationstechnologie unmittelbar in Wohnräume und -häuser integriert wird, um versch. netzwerkfähige Geräte miteinander zu verbinden und daraus einen praktischen Nutzen für die Bewohner zu ziehen.[4] Dieser Nutzen kann u.a. in einer Verbesserung des Wohnkomforts, der Einsparung von Ressourcen oder einer höheren Gebäudesicherheit, bestehen. Selbstverständlich ist auch eine Kombination der genannten Vorteile möglich. Neben der Vernetzung der Haustechnik mit den im Haushalt vorhandenen Elektrogeräten, dem Internet und mobilen Endgeräten, spielt im Smart Home die Sensorik eine große Rolle. So finden u.a. Bewegungs- und Rauchmelder, Temperatur-, Feuchtigkeits- und Helligkeitssensoren, smarte Tür- und Fensterkontakte und die Steuerung durch Sprache, Gesten, Mimik oder Blicke Anwendung.[5] Auch Standortdaten der Nutzer, die über Smartphones oder andere GPS-fähige Geräte erhoben werden, lassen sich in das intelligente Haussystem integrieren. Der Begriff Smart Home umfasst sowohl die informationstechnische Steuerung und Optimierung des Energiemanagements mit Hilfe von intelligenten Zählern, sog. Smart Metern, die videotechnische Überwachung i.V.m. einer smarten Alarmanlage, speziell auf die Bedürfnisse alter und hilfsbedürftiger Menschen ausgerichtete Wohn-Systeme, Ambient Assisted Living genannt,[6] aber auch die Gebäudeautomation, also die automatische Steuerung und Regelung der technischen Gebäudeausrüstung.[7] Die vorliegende Arbeit thematisiert die datenschutzrechtliche Betrachtung smarter Haussteuerungstechnik und lässt die anderen oben genannten Bereiche außer Betracht. In diesem Kapitel werden zunächst einige Verwendungsmöglichkeiten von Smart Home Systemen an den Leser herangetragen, gefolgt von einer Erläuterung möglicher Risiken.

2.1 Verwendungsmöglichkeiten

Die Bereiche in denen Smart Home Systeme eingesetzt werden können sind ebenso vielfältig wie deren Anbieter und wachsen stetig. Einfache Beispiele sind die automatische Lichtsteuerung und Raumtemperaturregelung, automatische Steuerung

---

4   *Richter,* Smart Home – so wird's gemacht, S. 13.

5   *Skistims,* Smart Homes, S. 62f.

6   *Harke,* Smart Home, S. 95; *Andelfinger/Hänisch,* Internet der Dinge, S. 33.

7   *Balow,* Systeme der Gebäudeautomation, S. 3.

der Rollläden und Belüftung der Wohnräume, auch bei Abwesenheit der Bewohner, Fernsteuerung der Heizung, von Steckdosen oder auch von Türsprechanlagen und -öffnern.[8] Beginnt es zu regnen, fährt sich die Markise auf der Terrasse ein und der automatische Rasensprenger bekommt das Signal, dass an diesem Tag keine Bewässerung nötig ist. Sind nachts Geräusche aus dem Wohnzimmer zu vernehmen, kann mit nur einem Kommando, z.B. auf dem Smartphone, die gesamte Beleuchtung im Haus eingeschaltet werden.[9] Sollten die Bewohnern einmal vergessen, eines der Fenster vor dem Verlassen des Hauses zu schließen, so kann der Nutzer über sein Smartphone darüber informiert werden und das entsprechende Fenster von unterwegs schließen.[10] Darüber hinaus besteht die Möglichkeit das Smart Home System über Sensoren erkennen zu lassen, wenn alle Bewohner das Haus verlassen haben, woraufhin es automatisch alle Fenster schließt, sämtliche Lichter und Elektrogeräte ausschaltet, über smarte Heizungsthermostate die Raumtemperatur herunterreguliert,[11] sowie einem Staubsauger-Roboter das Kommando gibt, mit der Reinigung der Fußböden zu beginnen. Weitere, komplexe Möglichkeiten eines intelligenten Hauses bzw. einer Wohnung sind programmierte Anwesenheitssimulationen, die potentielle ungebetene Besucher abschrecken sollen, z.B. indem in bestimmten Intervallen eines oder mehrere Lichter oder das Fernsehgerät im Haus angehen, obwohl niemand zu Hause ist. Auch auf die einzelnen Bewohner individuell zugeschnittene Persönlichkeitsprofile sind in einem smarten Zuhause realisierbar. Steht beispielsweise der Familienvater morgens auf, registriert das Smart Home System dies und stellt die Kaffeemaschine sowie die Fußbodenheizung im Bad an. Nach Feierabend erkennt das intelligente Haussystem anhand von GPS-Daten, die das Smartphone des Nutzers an das Betriebssystem des smarten Zuhauses übermittelt, dass der Bewohner auf dem Heimweg ist und errechnet unter Berücksichtigung der aktuellen Verkehrslage seinen vrs. Ankunftszeitpunkt. Pünktlich zum Betreten der Wohnung kann so die Raumtemperatur wieder auf eine angenehme Wärme reguliert werden, ohne unnötige Ressourcen zu verbrauchen. Möchte die Familie abends einen gemütlichen Fernsehabend machen, so kann mit einem einzigen gesprochenen Kommando einem smarten Sprachsteuerungssystem das Kommando gegeben werden den Fernseher anzustellen, die

---

8   *Harke,* Smart Home, S.14 – 15.

9   *Merz/Hansemann/Hübner,* Gebäude-automation, S. 16; *Harke,* Smart Home, S.16.

10   Schiefer/Lösche/Morgenstern, AV-Test-Studie, S. 3.

11   vgl. dazu *Skistims,* Smart Homes, S. 63.

Rollläden herunterzufahren, das Licht zu dimmen und für jedes Familienmitglied seine Lieblingspizza zu bestellen. Ist der Film besonders spannend und niemand möchte etwas verpassen, wenn der Lieferant vor der Tür steht, kann diesem mit einem weiteren Kommando die Haustür geöffnet werden. Da in einem Smart Home jedes netzwerkfähige Gerät in das System eingebunden und alle Arten von smarten Schaltern, Sensoren, Thermostaten, Bewegungsmeldern u.v.m. beliebig miteinander kombiniert werden können, sind den vorstellbaren Anwendungsfelder und Szenarien kaum Grenzen gesetzt.

2.2 Risiken durch ein intelligentes Zuhause

Auch wenn ein Smart Home in vielen Belangen einen Nutzen für seine Bewohner stiftet, so birgt es auch Risiken. Da in einer smarten Wohnumgebung eine Vielzahl von Daten erhoben und verarbeitet werden, kann sich eine Bedrohung für die informationelle Selbstbestimmung der Nutzer ergeben.[12] Es kann die Möglichkeit bestehen, dass Unbefugte sich Zugang zu den Daten aus dem Smart Home verschaffen um z.B. Bewegungsprofile der Bewohner zu erstellen, mit deren Hilfe sich prüfen lässt ob sich gerade jemand im Haus aufhält. Ebenso lassen sich, aufgrund des hohen Anschaffungspreises von smarten Endgeräten und der Haussteuerungstechnik an sich und anhand von Verhaltens- und Kaufprofilen, Rückschlüsse auf die finanzielle Situation der Bewohner bilden. Verbindet man dies mit der Möglichkeit die Alarmanlage und eventuell sogar das Schloss der Haustür fernzusteuern,[13] ergibt sich eine nahezu perfekte Ausganglage für technisch versierte Einbrecher.[14] Auch eine ferngesteuerte Manipulation der Geräte im Haushalt ist denkbar, so wäre ein Herunterfahren der Heizung im Winter durch Dritte möglich,[15] ebenso wie ein Anstellen des Herdes und damit einhergehend das Verursachen eines Brandes.[16]

---

[12] s. Kap. 4.1.

[13] *Dhanjani,* IoT-Hacking, S. 58f.; *Rudkowski,* VersR 2017, 1 (3).

[14] *Möllers, Vogelsang,* DuD 2016, 497 (498); *Geminn,* DuD 2016, 575 (576); *Roßnagel/Geminn/Jandt/Richter,* Datenschutzrecht 2016, S. 12.

[15] Möllers, Vogelsang, DuD 2016, 497 (498); Schiefer/Lösche/Morgenstern, AV-TEST-Studie, S. 3.

[16] *Dix,* Jahresbericht 2013, S. 47f.

3 Technische Rahmenbedingungen

Grundlage jedes smarten Zuhauses ist ein informationstechnisches System, welches aus Sensoren, Aktoren, Speichermedien und Kommunikationskanälen besteht, die durch ein Netzwerk miteinander verbunden sind und über ein Betriebssystem gesteuert werden.[17] In dieses System können die Betriebstechnik, wie Beleuchtung und Heizungssteuerung, Multimedia- und Haushaltsgeräte integriert werden.[18] Eine detaillierte Betrachtung der Netzstruktur oder der technischen Abläufe erfolgt in dieser Arbeit nicht, da diese Ausführungen den vorgegebenen Rahmen sprengen würden und nicht im Zusammenhang mit dem bearbeiteten Thema stehen.

Der folgende Abschnitt erklärt zunächst die Begriffe „Internet der Dinge", „Ubiquitous Computing" und „Pervasive Computing" um dem Leser einen Einblick in das technologische Umfeld zu verschaffen, in dem das Smart Home anzusiedeln ist. Anschließend erfolgt eine kurze Erläuterung was unter einer „Home Service Plattform" und einer „Service Provider Plattform" verstanden wird, da diese Begriffe von Bedeutung für die datenschutzrechtliche Zuordnung im Smart Home sind.

3.1 Internet der Dinge

Der Begriff des Internets der Dinge oder auch Internet of Things (IoT) beschreibt in seinem Kern die Ausstattung von Gegenständen unterschiedlichster Art mit Informationstechnik, die eine Vernetzbarkeit, Identifikation und Adressierbarkeit dieser Gegenstände bewirkt und es ihnen ermöglicht, mit Hilfe verschiedenster Sensoren Beobachtungen zu tätigen und die gewonnenen Daten über Informationssysteme nutzbar zu machen und zur Steuerung einzusetzen.[19] Durch die Vernetzung von physischen Gegenständen, werden diese zusätzlich auch zu Datenobjekten, was es vereinfacht, sie zu lokalisieren, zu analysieren und zu überwachen.[20] Die Vision, bzw. der grundlegende Gedanke hinter dem Internet der Dinge ist die Loslösung der Informationstechnik von einer Bedienung durch den Menschen, hin

---

[17] *Skistims,* Smart Home, S. 70; *Abicht/Spöttel,* Qualifikationsentwicklungen durch das Internet der Dinge, S. 69.

[18] *a.a.O.,* S. 69; *Skistims,* Smart Home, S. 74ff.

[19] *Djeffal,* DVBl 2017, 808 (809); *Gerling/Rossow,* DuD 2016, 507 (507).

[20] *Obermaier,* in: Obermaier (Hrsg.), S. 25.

zu Systemen, die ihre Informationen selbst sammeln, und als Grundlage dafür nutzen, Entscheidungen zu treffen und Handlungen ausführen.[21] Bestandteile des IoT sind vernetzbare Gegenstände verschiedenster Art, dies schließt Objekte wie eine Tür, eine Lampe oder die Kloschüssel mit ein und geht von Multimediageräten wie HiFi-Anlagen und Fernseher über mobile Endgeräte, Router, Telefone sowie Verkehrssysteme und Industriesteuerungsanlagen hin zu u.a. im Smart Home verwendeten Geräten der Hausautomation und Gebäudeüberwachung.[22] Durch immer kleiner werdende Prozessoren und Sensoren und deren stetig sinkenden Energiebedarf wurde es möglich, dass immer mehr Informationstechnologie Teil des täglichen Lebens wird, wie etwa die Erstellung von Bewegungs- und Fitnessprofilen durch Smartphones oder Wearables (smarte Schmuck- und Kleidungsstücke) oder die Abfrage aktueller Verkehrsbedingungen durch integrierte Geräte.[23] Durch die Kommunikation und Zusammenarbeit der vernetzten Dinge wird die Basis für das Entstehen des IoT gebildet.[24] Das Internet der Dinge ist ubiquitär, was bedeutet, dass es ständig um uns herum ist und nicht über einen An- und Ausschalter verfügt.[25] Eine Erweiterung erfährt das IoT durch den Begriff Internet of Everything (IoE), der eine Umgebung beschreibt, in der ausnahmslos alle Gegenstände miteinander und über das Internet auch mit den Menschen vernetzt sind.[26]

3.2 Ubiquitous Computing

Der Begriff des Ubiquitous Computing wurde durch Mark Weiser geprägt, einen Wissenschaftler der Informatik, der bereits im Jahr 1991 voraussagend äußerte, im 21. Jahrhundert würde der Mensch in seinem täglichen Leben durch nicht wahrnehmbare aber allgegenwärtige Computer unterstützt und von Routineaufgaben befreit werden, die als lästig empfunden werden.[27] Beim Ubiquitous Computing kommt es zu keiner direkten Interaktion des Benutzers mit der Technik sondern diese verschwindet vollständig im Hintergrund und wird dadurch benutzer-

---

[21] *Djeffal*, DVBl 2017, 808 (809); *Gerling/Rossow*, DuD 2016, 507 (507).

[22] *a.a.O.*, 507 (507).

[23] *Weber*, EuCML 2017, 207 (207).

[24] *Mattern*, in: Fleisch/Mattern (Hrsg.), S. 40.

[25] *Schneider*, Interoperabilität im Internet der Dinge, S. 12.

[26] *Schneider*, Interoperabilität im Internet der Dinge, S. 13; *Obermaier*, in: Obermaier (Hrsg.), S. 25.

[27] *Weiser*, Scientific American 1991, 94 (94).

zentrierter.[28] Die Vision Weisers ist bis heute nicht in ihrer Gesamtheit zur Realität geworden, die informationstechnische Entwicklung der letzten Jahre, hat aber in einigen Bereichen technologische Neuheiten hervorgebracht, die der Theorie des Ubiquitous Computing nahekommen und zu einer Zukunft beitragen könnten, die der prophezeiten ähnelt.

3.3 Pervasive Computing

Die Begriffe Ubiquitous und Pervasive Computing werden oft äquivalent gebraucht, da beide von der Allgegenwärtigkeit von Computern durch deren Integration in sämtliche Alltagsdinge ausgehen.[29] Ebenfalls spielt bei beiden Begriffen die Vernetzung dieser smarten Gegenstände miteinander und dem Internet, sowie der Umstand eine große Rolle, dass die Steuerung der Computer durch den Menschen durch Maschine-Maschine-Kommunikation ersetzt wird.[30] Im Gegensatz zur theoretischen Vision Weisers richtet sich der Fokus beim Pervasive Computing auf Lösungen, deren Realisierung in naher Zukunft zu erwarten ist oder die bereits umgesetzt werden.[31]

Dazu zählt die immer häufigere Anwendung von RFID-Systemen, z.B. in der Logistik, der Produktion und mittlerweile auch im privaten Bereich. Jedes Objekt, das mit einem RFID-Chip versehen wird, kann in ein informationstechnisches Netzwerk eingebunden werden, ist jederzeit lokalisierbar und führt sämtliche objektbezogenen Informationen selbst mit sich.[32] Durch das breite Spektrum an Leistungsmerkmalen, über das die RFID-Technologie verfügt,[33] i.V.m. einer so geringen Größe, dass sie unauffällig in nahezu jedem Gegenstand untergebracht werden kann,[34] eignet sich diese Technik ausgezeichnet für die Integration in ein intelligentes Haussystem.

Einer der Aspekte von Ubiquitous und Pervasive Computing, ist es, dass keine direkten Interaktionen mehr zwischen Mensch und IT-System notwendig sind, dieses

---

[28] *a.a.O.*, 94 (98); *Schneider,* Interoperabilität im Internet der Dinge, S. 11; *Mattern* in: Fleisch/Mattern (Hrsg.), S. 40.

[29] *Czernohous,* Pervasive Linux, S. 3; *Coroama/Handy,* in: Mattern (Hrsg.), S. 329.

[30] *Hilty,* in: Mattern (Hrsg.), S.200; *Ferscha,* in: Mattern (Hrsg.), S. 5.

[31] *Behrendt,* Integriertes Roadmapping, S. 17.

[32] *Richter,* Nutzenoptimierter RFID-Einsatz in der Logistik, S. 56f.

[33] *a.a.O,* S. 30.

[34] *Langheinrich,* in: Fleisch/Mattern (Hrsg.), S. 330.

aber dennoch für Erleichterungen im Alltag sorgt. Dies wird durch Automatisierungen in einem smarten Haussystem bereits realisiert, aber auch durch Entwicklungen, wie die Mimik-Steuerung, bei der die Gesichtszüge des Nutzers erfasst und bzgl. seines emotionalen Zustandes ausgewertet werden, gefolgt von einer situativen Reaktion, bspw. dem Abspielen von entspannender Musik.[35]

Eine Entlastung der Menschen durch IT-Systeme setzt voraus, dass diese bestimmte Aufgaben selbstständig übernehmen, oder, bestimmten Voraussetzungen angepasste, Aktionen einleiten.[36] Anwendung findet diese Automatisierung von Entscheidungsprozessen u.a. bei sog. Softwareagenten, die ihre Aufgaben ohne Interaktion mit dem Menschen ausführen, sich mit anderen Agenten austauschen und gegenseitig kontrollieren können, sowie fähig sind auf Veränderungen ihrer Umwelt zu reagieren.[37]

3.4 Bestimmung technischer Begriffe

Der Teil eines IT-Systems, der sich mit der Datenverarbeitung im Hintergrund beschäftigt, wird als Backend bezeichnet.[38] Das Backend, bei dem es sich i.d.R. um einen Datenbank-Server handelt,[39] dient der Vorhaltung von Daten zur schnellen Abfrage durch andere Teile des Systems.

Das innerhalb eines Smart Homes installierte und betriebene IT-System wird auch als Home Service Plattform bezeichnet. Diese Plattform Stellt sicher, dass Aktoren und Sensoren des Systems sowie die integrierten Geräte miteinander kommunizieren und gesteuert werden können.[40] Die Speicherung und Verarbeitung der Daten, die innerhalb des intelligenten Hauses anfallen, erfolgt dabei auf einem hausinternen Server.[41] Die Home Service Plattform regelt die automatisierten Vorgänge innerhalb des Smart Homes und lässt sich über einen angeschlossenen PC oder ein

---

[35] *Skistims,* Smart Homes, S. 63.

[36] *Roßnagel,* Datenschutz in einem informatisierten Alltag, S. 39; *Skistims,* Smart Homes, S. 63; *Diekmann,* Ubiquitous-Technologien im betrieblichen Umfeld, S. 18.

[37] a.a.O., S. 20; *Roßnagel,* DS in einem informatisierten Alltag, S. 39; *Skistims,* Smart Homes, S. 63; *Denk/Paul/Roßnagel/Schnellenbach-Held,* NZBau 2004, 131 (132).

[38] *Fischer /Hofer,* Lexikon der Informatik, S. 89.

[39] a.a.O., S. 89.

[40] *Skistims,* Smart Homes, S. 70; *BMWi,* intelligente Heimvernetzung, S. 13; *Westermeir,* Diversitäre Zugangs- und Sicherheitsmechanismen, S. 39.

[41] *Skistims,* Smart Homes, S. 70.

mobiles Endgerät steuern und umprogrammieren, wobei verschiedenen Bewohnern unterschiedliche Zugriffsrechte zugewiesen werden können.[42]

Darüber hinaus werden Plattformen von sog. Service-Providern zur Verfügung gestellt, welche zusätzliche Dienste für die Hausautomatisierung anbieten, ähnlich wie bei einem „Appstore". Die Home Service Systeme können bei Bedarf über das Internet auf diese Dienste zugreifen.[43] Diese externen Module, werden i.d.R. in Form von installierbaren Softwareeinheiten, sog. Bundles zur Verfügung gestellt.[44] Mehrere unabhängige Bundles können zusammenarbeiten, indem sie Informationen austauschen.[45] Durch Kombination mehrerer Bundles kann deren Inhalt geändert werden,[46] wodurch neue, situationsbedingte Anwendungsszenarien ermöglicht werden.[47]

Durch die Dienste der Service Provider Plattform erfolgt i.d.R. keine eigene Datenerhebung innerhalb des smarten Zuhauses, sondern es wird auf die Sensorik des Smart Homes und die dort erhobenen Daten zugegriffen, welche zur Verarbeitung an externe Server des Service-Providers übermittelt werden.

---

[42] *a.a.O.*, S. 71.

[43] *a.a.O.*, S. 72; *Capgemini Consulting,* Smart Home, S. 10.

[44] Skistims, Smart Homes, S. 73; Schmidt-Casdorff/Vogel, OSGi, S. 12.

[45] *a.a.O.*, S. 17 u. 49.

[46] *a.a.O.,* S. 31.

[47] *a.a.O.*, S. 49.

4 Rechtliche Rahmenbedingungen

Im folgenden Kapitel soll nun eine allgemeine rechtliche Betrachtung der Smart Home Technologie erfolgen, mit besonderem Blick auf das Datenschutzrecht. Zunächst wird kurz dargestellt, welche Grundrechte der Bewohner und deren Besuch durch das Betreiben eines intelligenten Zuhauses betroffen oder gar verletzt sein könnten. Anschließend erfolgt eine Auseinandersetzung mit den datenschutzrechtlichen Normen der DSGVO, die beim Betreiben eines Smart Homes einschlägig sein könnten. Am Schluss dieses Kapitels, wird geprüft, ob über die DSGVO hinaus noch weitere datenschutzrechtliche Regelungen bestehen, die Bedeutung für das Thema der Arbeit haben. Da diese Arbeit nach dem Inkrafttreten der Datenschutzgrundverordnung zur Prüfung eingereicht wurde, wird im Folgenden keine Auseinandersetzung mit dem BDSG aF erfolgen.

4.1 Relevante Grundrechte

Da das Thema diese Arbeit eine datenschutzrechtliche Betrachtung der Smart Home Technologie ist, soll an dieser Stelle nur in Kürze auf die relevanten Grundrechte eingegangen werden. Dazu sind auf europäischer Ebene zuallererst die Artikel 7 und 8 der GRCh zu nennen. Artikel 7 GRCh enthält das Recht auf Achtung des Privatlebens und Artikel 8 GRCh garantiert das Recht des Einzelnen auf Schutz seiner personenbezogenen Daten. Damit weist Artikel 8 GRCh in seinem Inhalt eine deutliche Nähe zum deutschen Grundrecht auf informationelle Selbstbestimmung auf.[48] Dieses ungeschriebene Grundrecht ist seit dem Volkszählungsurteil des BVerfG anerkannt und stellt eine Ableitung aus den Grundrechten auf freie Entfaltung der Persönlichkeit aus Art. 2 Abs. 1 GG und Unantastbarkeit der Menschenwürde (Art. 1 Abs. 1 GG) dar. Das Recht auf informationelle Selbstbestimmung gewährleistet die verfassungsrechtliche Garantie für jeden Einzelnen, jederzeit selbst über seine persönlichen Daten bestimmen zu können.[49] Dieser Schutz soll die unabhängige Kommunikation der Menschen untereinander fördern, da diese für eine freie, demokratische Gesellschaft unverzichtbar ist.[50] Der Umstand, dass mit einem Smart Home eine geradezu optimale Struktur für eine mögl. Überwachung der

---

[48] *Skistims,* Smart Homes, S. 356
[49] BVerfGE, 65, 1 Rn. 155.
[50] *Roßnagel,* in: Mattern (Hrsg.), S. 268.

Bewohner und Besucher geschaffen wird, kann als Gegensatz dazu gesehen werden.[51] Ein eminentes Risiko für die informationelle Selbstbestimmung von Smart Home Benutzern liegt in der Generierung von umfassenden Datensätzen, da intelligente Haussysteme die Fähigkeit haben, die Lebensgewohnheiten der Bewohner detailliert zu erfassen.[52] Dass ein Smart Home möglichst unbemerkt im Hintergrund arbeitet, um dem Nutzer einen größeren Wohnkomfort zu bieten, verstärkt die Gefahr einer Grundrechtsverletzung noch, da es für den Einzelnen kaum überschaubar ist, welche Daten zu welchem Zeitpunkt erhoben und u.U. weitergegeben geben.

Ein weiteres ungeschriebenes Grundrecht, welches für den Bereich des Smart Homes relevant sein kann, ist das Grundrecht auf Gewährleistung der Vertraulichkeit und Integrität informationstechnischer Systeme. Dieses Grundrecht geht aus dem Urteil des Bundesverfassungsgerichts zu Online Durchsuchungen vom 27.02.2008 hervor.[53] Das BVerfG geht darin auf die vielfältigen Möglichkeiten der sozialen Vernetzung von Personen über das Internet ein, die „für die Persönlichkeit und die Entfaltung des Einzelnen eine früher nicht absehbare Bedeutung erlangt" hätten.[54] Diese vielfältigen Möglichkeiten bringen aber zugleich auch Gelegenheiten mit sich, die informationstechnischen Systeme der Bürger zu infiltrieren, auszuspähen und zu manipulieren. Aus diesem Grund bestehe ein erhebliches Schutzbedürfnis der Bürger vor eben diesen Eingriffen.[55] Dieses Bedürfnis ist aber nicht allein auf Eingriffe durch den Staat beschränkt, sondern betrifft ebenso Infiltrationen und Manipulationen durch Dritte.[56]

Ein weiteres Grundrecht, das beim Betreiben eines intelligenten Zuhauses betroffen sein könnte, ist der Schutz des Fernmeldegeheimnisses aus Art. 10 Abs. 1 GG, welches das unbefugte Abhören und Aufzeichnen des Inhalts von Telekommunikation sowie die Auswertung und Verwendung erhobener Daten durch den Staat

---

[51] *Roßnagel*, MMR 2005, 71 (72).

[52] *Skistims,* Smart Homes, S. 130.

[53] BVerfGE 120,274.

[54] BVerfGE 120,274.

[55] BVerfGE 120,306.

[56] *Wehage,* Das Grundrecht auf Gewährleistung der Vertraulichkeit und Integrität, S. 156.

verbietet,[57] darüber hinaus aber den Staat beauftragt, den Schutz auch vorzusehen, wenn sich Dritte Zugriff auf die Kommunikation verschaffen.[58]

Zuletzt darf auch die Unverletzlichkeit der Wohnung aus Art. 13 Abs. 1 GG nicht unerwähnt bleiben. Rechtsverletzungen, die sich innerhalb der eigenen Wohnung, und damit in einem der privatesten Bereiche überhaupt, ereignen kommt eine besondere Schwere zu, da die Wohnung einen unverzichtbaren Rückzugsort darstellt.[59]

4.2 Datenschutzrecht

Die Bundesrepublik Deutschland war weltweit der erste Staat, der, mit dem hessischen Datenschutzgesetz aus dem Jahr 1970, ein Gesetz zum Datenschutzrecht einführte.[60] Einige Jahre später folgte das erste BDSG, das am 01.02.1977 im Bundesgesetzblatt verkündet wurde.[61] Das Ziel des Datenschutzrechtes ist nicht der Schutz der Daten, wie es die Wortwahl suggeriert, sondern die Betroffenen vor unrechtmäßiger Verarbeitung ihrer Daten und den damit einhergehenden Folgen zu schützen.[62]

4.2.1 Datenschutz-Grundverordnung

Seit dem 25.05.2018 gilt in der Europäischen Union die DSGVO. Die Verordnung hat die mitgliedsstaatlichen Gesetze zum Datenschutzrecht, wie das BDSG aF in Deutschland, ersetzt und ist, im Gegensatz zur vorher geltenden EG-DSRL von 1995, in allen Mitgliedstaaten direkt anwendbar.[63] Gem. Eg. 7 DSGVO[64] ist das Ziel dieser europaweit geltenden Verordnung u.a., dass die Bürger der EU die Kontrolle über ihre eigenen Daten besitzen. Darüber hinaus soll nach Eg. 8 durch einen soliden, kohärenten und klar durchsetzbaren Rechtsrahmen im Bereich des Datenschutzrechts eine Vertrauensbasis gebildet werden, die es der digitalen Wirtschaft ermöglicht im Binnenmarkt weiter wachsen zu können. Die Datenschutzgrund-

---

[57] BVerfGE 67, 157 (Rn. 76); 85, 386 (Rn. 57); 100, 313 (Rn.102).

[58] BVerfGE 106, 28 (Rn. 21);

[59] BVerfGE 109, 279 (291); *Geminn*, DuD 2016, 575 (576).

[60] *Simitis*, in: Simitis, BDSG, Einl. Rn. 1; *Kühling/Seidel/Sivdris*, Datenschutzrecht, S. 5.

[61] BGBl. I 1977, 201; *Simitis*, in: Simitis, BDSG, Einl. Rn. 2.

[62] *a.a.O.*, Einl. Rn. 2; *Petrlic/Sorge*, Datenschutz, S.11.

[63] *Voigt/Von dem Bussche*, EU-DSGVO, S. 2.

[64] Hinweis: nachfolgende Art. und Eg. **ohne** Gesetzesangabe beziehen sich auf die DSGVO.

verordnung schützt gem. Art. 1 Abs. 2 die Grundrechte und Grundfreiheiten natürlicher Personen und insbesondere deren Recht auf den Schutz ihrer personenbezogenen Daten sowie den Schutz des freien Verkehrs personenbezogener Daten. Dieser Schutz soll gem. Eg. 2, durch die Grundsätze und Vorschriften der Verordnung, für alle natürlichen Personen, ungeachtet ihrer Nationalität oder ihres Aufenthaltsortes gewährleistet werden. Die DSGVO enthält an einigen Stellen sog. Öffnungsklauseln, die Platz für nationale Regelungen lassen.[65]

4.2.1.1 Verarbeitung

Der sachliche Anwendungsbereich der Verordnung umfasst gem. Art. 2 Abs. 1 die automatisierte Verarbeitung personenbezogener Daten sowie die nichtautomatisierte Verarbeitung personenbezogener Daten, wenn diese in einem Dateisystem gespeichert sind oder gespeichert werden sollen. Der Ausdruck Verarbeitung bezeichnet nach Art. 4 Nr. 2 das Erheben und Erfassen, die Organisation, das Ordnen, die Speicherung, Anpassung oder Veränderung, das Auslesen, das Abfragen, die Verwendung, die Offenlegung durch Übermittlung, Verbreitung oder eine andere Form der Bereitstellung, sowie den Abgleich oder die Verknüpfung, die Einschränkung, das Löschen oder die Vernichtung von Daten, die einen Personenbezug aufweisen. Zusammenfassend lässt sich somit feststellen, dass jeder Umgang mit personenbezogenen Daten unter den sachlichen Anwendungsbereich der DSGVO fällt.[66]

4.2.1.2 Personenbezogene Daten

Personenbezogene Daten sind gem. Art. 4 Nr. 1 alle Informationen, die sich auf eine identifizierte oder identifizierbare Person beziehen, diese wird daraufhin i.S. der DSGVO als „Betroffener" bezeichnet. Eine Identifikation einer Person kann bspw. über ihren Namen, die Telefonnummer, Passnummer, Sozialversicherungsnummer oder Kraftfahrzeugkennzeichen erfolgen, aber auch durch eine Verknüpfung bestimmter Daten wie bspw. Beschäftigungsverhältnis, Alter und Anschrift. Auch ein Fingerabdruck oder genetische Merkmale können als personenbezogenes Datum gelten. Die Verordnung geht von einem sehr weiten Begriffsverständnis aus und bezieht ausdrücklich sämtliche Informationen in den Schutzbereich mit ein, die

---

[65] s. Kap. 2.2.

[66] *Husemann,* in: Roßnagel (Hrsg.), §3 Rn. 5; *Schreiber,* in: Plath, BDSG/DSGVO, Art. 4 DSGVO, Rn. 12; *Eßer,* in: Auernhammer, DSGVO BDSG, Art. 4 Rn. 17.

einen Personenbezug aufweisen.[67] Hinsichtlich der Frage nach der Einordnung von IP-Adressen und daraus ableitend der Relativität oder Objektivität des Personenbezugs werden zwei deutlich divergierende Positionen vertreten. Die in Deutschland hM geht davon aus, dass der Personenbezug relativ ist, also dass es darauf ankommt ob es der verantwortlichen Stelle ohne unverhältnismäßigen Aufwand möglich ist, die Einzelangaben tatsächlich einer bestimmten Person zuzuordnen.[68] Ist diese Zuordnung nicht möglich, und somit auch kein Betroffener eindeutig identifizierbar, so handelt es sich nach der relativen Theorie auch nicht um personenbezogene Daten.[69] Wesentliches Argument für dieses relative Verständnis der personenbezogenen Daten ist die Überlegung, dass die Zuordnung von Daten zu einer Person von dem verfügbaren Zusatzwissen und den verfügbaren Ressourcen des Verarbeiters abhängt.[70] Im Gegensatz dazu, stellt die Theorie vom absoluten Personenbezug, die z.T. auch von den Datenschutzaufsichtsbehörden und vereinzelt in der Literatur vertreten wird, auf die objektive Möglichkeit des Personenbezugs ab.[71] Hiernach ist immer, wenn ein beliebiger Dritter die Möglichkeit hat einem Datum die betroffene Person zuzuordnen, dieses Datum als personenbezogen anzusehen ist.[72] Den Vorzug verdient bei dieser Diskussion das relative Verständnis des Personenbezugs. Dies ergibt sich u.a. aus dem Wortlaut des Eg. 26, nach welchem „alle Mittel berücksichtigt werden sollen, die von dem Verantwortlichen oder einer anderen Person nach eigenem Ermessen wahrscheinlich genutzt werden", um den Personenbezug herzustellen, was einen deutlichen Hinweis auf einen relativen Personenbezug darstellt.[73] Sogenannte Sachdaten, die sich ausschließlich auf eine Sache beziehen, sind keine personenbezogenen Daten.[74] Die Information, wie warm es in einem Raum ist oder wann eine Lampe eingeschaltet wurde, stellt an sich kein personenbezogenes Datum dar, solange sie nicht damit verknüpft wird, wer sie

---

67 *Eßer*, in: Auernhammer, DSGVO BDSG, Art. 4 Rn. 6;

68 *Eckhardt*, CR 05/2011, 339 (342).

69 *Eßer*, in: Auernhammer, DSGVO BDSG, Art. 4 Rn. 15; *Klar/Kühling*, in: Kühling/Buchner, DSGVO BDSG, Art. 4 Nr. 1, Rn. 25f.

70 EuGH, Urt. v. 19.10.2016 – C-582/14, NJW 2016, 3579, BB 2016, 2830; *Tinnefeld* in: Roßnagel (Hrsg.) 2003, Kap. 4.1 Rn.22; *Roßnagel/Scholz*, MMR 2000, 721 (722); *Kühling/Klar*, NJW 2013, 3611 (3615).

71 *Düsseldorfer Kreis*, Beschl. v. 26./27.11.2009.

72 *Gerlach*, CR 07/2013, 478 (479); *Schaar*, DS im Internet, Rn. 175.

73 *Husemann*, in: Roßnagel (Hrsg.), §3, Rn. 7.

74 *Klar/Kühling*, in: Kühling/Buchner, DSGVO, Art. 4 Nr.1 Rn. 12.

einschaltet.[75] Bei der Kommunikation zwischen vernetzten Alltagsgegenständen, wie sie u.a. im Smart-Home anfällt, ist i.d.R. nicht von Sachdaten, sondern von personenbezogenen Daten auszugehen.[76]

Bei der Nutzung eines Smart Homes werden große Mengen unterschiedlichster Arten von Daten erhoben und, je nach System auf dem Server des Anbieters oder dem eigenen Server, gespeichert und verarbeitet. Darunter fallen Daten wie der eigene Nutzername und das Kennwort, die für die Anmeldung beim Smart Home erforderlich sind, sowie vom Nutzer vergebene Namen für Räume, Endgeräte und bestimmte Szenarien. Auch eine Aufzeichnung der Bewegung der Bewohner, deren An- und Abwesenheitszeiten, sowie der innerhalb des intelligenten Zuhauses geführten Gespräche ist regelmäßig der Fall. Darüber hinaus werden auch Protokolldaten von getätigten Schaltvorgängen sowie von Fehlern während der Anwendung erstellt und gespeichert.[77] Da viele Smart Home Systeme über Bewegungssensoren und smarte Kameras verfügen, werden darüber hinaus nicht ausschließlich die Daten des Eigentümers und Nutzers dieser Technik, sondern auch die von jedem Familienmitglied, Gast oder sonstigem Dritten, der sich innerhalb des intelligenten Hauses oder der Wohnung aufhält, erhoben und gespeichert. Dabei handelt es sich teils um Standort- und Bewegungsdaten, aber auch solche, die, z.T. durch die Verknüpfung mit anderen erhobenen Daten, Rückschlüsse auf persönliche Vorlieben zulassen. Einige dieser verarbeiteten Daten, weisen bereits auf den ersten Blick einen Personenbezug auf, darüber hinaus können aber auch vermeintlich belanglose Informationen durch Kombination miteinander zu personenbezogenen Daten werden.[78] So lässt sich beispielsweise aus der Verbindung von Fußstellung, Schrittlänge und Bewegungsablauf die gehende Person ableiten,[79] bzw. aus kurzen Ableseintervallen bei intelligenten Stromzählern, kann ersichtlich werden, welches Fernsehprogramm gerade läuft und welcher Videoinhalt abgespielt wird.[80]

---

[75] *Skistims,* Smart Homes, S. 382.

[76] *Buchner,* DuD 2015, 372 (373f.); *Grünwald/Nüßing,* MMR 2015, 378 (382); *Kinast/Kühnl,* NJW 2014, 3057 (3058), *Lüdemann,* ZD 2015, 247 (249f.).

[77] *Rüdiger,* RDV 2014, 253 (255).

[78] *Morgenroth,* Sie kennen dich, S.61f.; *Hofmann/Hornung,* in: Sprenger/Engemann (Hrsg.), Internet der Dinge, S. 194; *Mayer-Schönberger/Cukier,* Big Data, S. 194f; *Katko/Babaei-Beigi,* MMR 2014, 360 (361f.); *Boehme-Neßler,* DuD 2016, 419 (422); *Peschel/Rockstroh,* MMR 2014, 571 (574).

[79] *BSI,* 2006, S. 28.

[80] *Greveler/Justus/Löhr,* 2012, 35.

Infolgedessen ist festzuhalten, dass, wie auch im vernetzten Auto,[81] jedes innerhalb eines Smart Homes erhobene Datum als personenbezogen anzusehen ist.[82]

4.2.1.2.1 Besondere Kategorien personenbezogene Daten

Als besonders schützenswert gelten die in Art. 9 Abs. 1 aufgezählten personenbezogenen Daten, die u.a. die rassische oder ethnische Herkunft, politische Meinungen, Gesundheit oder sexuelle Orientierung einer natürlichen Person betreffen. Diese sensiblen Daten dürfen generell nur unter den besonderen Voraussetzungen des Art. 9 Abs. 2 verarbeitet werden, die allgemeinen Erlaubnistatbestände des Art. 6 sind somit ausgeschlossen.[83] Besonders wenn in das System des Smart Homes Videotechnik integriert ist, oder es über Spracherkennung gesteuert wird, kann bspw. die Aufzeichnung von Gesprächen eine Erhebung und Verarbeitung besonderer personenbezogener Daten darstellen.

4.2.1.2.2 Ausnahmen

In Art. 2 Abs. 2 werden vier Ausnahmen vom sachlichen Anwendungsbereich des Art. 2 Abs. 1 genannt. Demzufolge findet die Verordnung keine Anwendung auf die Verarbeitung personenbezogener Daten, die im Rahmen einer Tätigkeit erfolgt, welche nicht in den Anwendungsbereich des Unionsrechts fällt. Auch Verarbeitungen personenbezogener Daten, die in den Anwendungsbereich der gemeinsamer Außen- und Sicherheitspolitik der Mitgliedsstaaten fallen, sind vom Anwendungsbereich ausgenommen. Gleiches gilt nach Art. 2 Abs. 2 lit. d für alle Verarbeitungen, die von den zuständigen Behörden zum Zweck der Straftatenbekämpfung und Gefahrenabwehr vorgenommen werden. Die vierte Ausnahme aus Art. 2 Abs. 2 lit. c gilt für Verarbeitungen personenbezogener Daten, die von natürlichen Personen ausschließlich zur Ausübung persönlicher oder familiärer Tätigkeiten durchgeführt werden. Wegen des unberechenbaren Risikos, das aus dieser Ausnahme erwächst, muss für diese eine besonders enge und strenge Auslegung erfolgen.[84] Als

---

[81] *Roßnagel,* DuD 2015, 353 (355); *Hansen,* DuD 2015, 367 (368f.); *Hornung,* DuD 2015, 359 (361); *Lüdemann,* ZD 2015, 247 (249f.).

[82] *Boehme-Neßler,* DuD 2016, 419 (432); *Keppeler,* EnWZ 2016, 99 (100); *Fredersdorf/Schwarzer/Engel,* DuD 2015, 682 (683) diese halten Anonymisierung u.U. für möglich.

[83] Zu den Erlaubnistatbeständen s. 4.2.1.4.

[84] EuGH, Urt. v. 11.12.2014 – C-212/13, NJW 2015, 463, EuZW 2015, 234; *Roßnagel,* in: Hornung/Simitis/Spiecker, Datenschutzrecht, Art. 2 Rn. 23; *Husemann,* in: Roßnagel (Hrsg.), §3, Rn. 9; *Zerdick,* in: Ehmann/Selmayr, DSGVO, Art. 2 Rn. 10; *Kühling/Raab,* in: Kühling/Buchner, DSGVO, Art. 2 Rn. 23; *Raabe/Weiß, RDV 2014, 231 (234).*

persönliche Tätigkeiten werden in diesem Zusammenhang alle Tätigkeiten angesehen, die der eigenen Selbstentfaltung und Freiheitsausübung in der Freizeit oder im privaten Raum dienen, wozu auch das Pflegen von Freundschaften gehört.[85] Familiäre Tätigkeiten sind solche, die der Pflege familiärer Beziehungen und des familiären Zusammenhalts dienen, worunter jede Beziehung mit persönlicher Nähe zu verstehen ist, die von der Verkehrsanschauung als familiär angesehen wird, wie z.B. eine Lebenspartnerschaft.[86] Eg. 18 schließt diese Ausnahme aus, sobald ein Bezug der erfolgten Datenverarbeitung zu einer beruflichen oder wirtschaftlichen Tätigkeit besteht, oder wenn die Verarbeitung zu anderen als rein persönlichen oder familiären Zwecken erfolgt. Da die Datenverarbeitung nach Art. 2 Abs. 2 lit. c ausschließlich für persönliche oder familiäre Tätigkeiten erfolgen muss, führt auch eine teilweise Nutzung zu anderen, z.B. beruflichen, Zwecken dazu, dass die Ausnahme entfällt.[87] Auch bei Datenverarbeitungen innerhalb eines Smart Homes können die Voraussetzungen für eine Ausnahme vom sachlichen Anwendungsbereich i.S.d. Art.2 Abs. 2 lit. c erfüllt sein, was eine Befreiung von der Anwendung des Datenschutzrechts und damit einhergehend auch von allen Datenschutzverpflichtungen des Betreibers zur Folge hätte. Voraussetzung für die Ausnahme ist dabei zum einen, dass die Erhebung personenbezogener Daten für familiäre oder persönliche Tätigkeiten nur innerhalb des eigenen Zuhauses stattfindet und zum anderen, dass diese nur den Inhaber des intelligenten Zuhauses und dessen enge Freunde oder seine Familie betreffen.[88] Datenverarbeitungen, die durch smarte Haushalts- und andere Geräte erfolgen, die der Erleichterung der täglichen Aufgaben im privaten oder familiären Bereich dienen, sind durch Art. 2 Abs. 2 lit. b ausgenommen und unterliegen daher nicht dem Datenschutzrecht.[89] Eine Ausnahme i.d.S. scheidet hingegen aus, wenn Daten außerhalb des familiären oder persönlichen Bereichs verarbeitet werden, z.B. wenn Kameras Bilder von benachbarten Grundstücken

---

[85] *Roßnagel,* in: Hornung/Simitis/Spiecker, Datenschutzrecht, Art. 2 Rn. 24.

[86] *a.a.O.,* Art. 2, Rn. 25; *Ernst,* in: Paal/Pauly, DSGVO, Art. 2 Rn. 18; *Dammann,* in: Simitis, BDSG, §1 Rn. 151.

[87] *Roßnagel,* in: Hornung/Simitis/Spiecker, Datenschutzrecht, Art. 2 Rn. 26; *Dammann,* in: Simitis, BDSG, §1 Rn. 150.

[88] *Roßnagel,* in: Hornung/Simitis/Spiecker, Datenschutzrecht, Art. 2 Rn. 30; *Skistims,* Smart Homes, S. 393; *Roßnagel* et al., Datenschutzrecht 2016, S. 117; *Roßnagel,* DS in einem informatisierten Alltag, S. 132f.; *Raabe/Weiß,* RDV 2014, 231 (234); *Geminn,* DuD 2016, 575 (579).

[89] *Roßnagel,* in: Roßnagel/Sommerlatte/Winand (Hrsg.), S. 139; *Roßnagel,* DS in einem informatisierten Alltag, S. 132.

oder dem Bürgersteig vor dem Haus, aufzeichnen.[90] Werden Daten, die innerhalb des Smart Homes verarbeitet wurden, an Dritte weitergegeben oder offengelegt entfällt der persönliche oder familiäre Zweck ebenso, wie im Falle einer Erhebung der Daten von Handwerkern, Lieferanten oder sonstiger Dritter.[91] Kommt es zu einer vollständigen Überwachung der Kinder oder des Ehepartners, bspw. indem Chats und Emails mitgelesen oder Bewegungs- und Verhaltensprofile erstellt werden, so ist keine Ausnahme mehr gerechtfertigt, da der familiäre Bereich überschritten ist.[92] Ebenso verhält es sich, wenn Daten auf fremden Servern gespeichert werden oder bei smarten Gegenständen eine Übermittlung von Daten an das Hersteller-Backend erfolgt.[93]

Keine Bedingung für die Inanspruchnahme der Ausnahmeregelung ist, dass die im Smart Home erhobenen Daten auch innerhalb des Smart Homes auf eigenen Systemen verarbeitet oder auf eigenen Servern gespeichert werden müssen. Eine Inanspruchnahme von Diensten eines Auftragsverarbeiters i.S.d Art. 4 Nr. 8 ist auch für die Verarbeitung personenbezogener Daten, die für persönliche oder familiäre Tätigkeiten nach den oben genannten Bedingungen erhoben wurden, möglich.[94] In diesem Fall ist der Auftragsverarbeiter allerdings nach Erwägungsgrund 18 ausdrücklich nicht zur Inanspruchnahme der Ausnahme aus Art. 2 Abs. 2 lit. c berechtigt, sondern ist in vollem Umfang an das Datenschutzrecht gebunden.[95]

4.2.1.2.3 Profiling

Unter dem Begriff Profiling wird gem. Art. 4 Nr. 4 jede Art der automatisierten Verarbeitung personenbezogener Daten verstanden, durch die Daten ausgewertet werden, um daraus bestimmte, auf eine natürliche Person bezogene persönliche Attribute abzuleiten, insbesondere um Aspekte bezüglich wirtschaftlicher Lage, persönlichen Vorlieben, Verhalten, Aufenthaltsort, Ortswechsel u.v.m. dieser

---

[90] EuGH, Urt. v. 11.12.2014 – C-212/13, NJW 2015, 463, EuZW 2015, 234; *Roßnagel,* in: Hornung/Simitis/Spiecker, Datenschutzrecht, Art. 2 Rn. 31.

[91] a.a.O., Art. 2 Rn. 31; *Skistims,* Smart Homes, S. 393f.; *Roßnagel* et al., Datenschutzrecht 2016, S. 117; *Geminn,* DuD 2016, 575 (579).

[92] *Roßnagel,* DS in einem informatisierten Alltag, S. 193; *Roßnagel,* in: Hornung/Simitis/Spiecker, Datenschutzrecht, Art. 2 Rn. 32f.

[93] a.a.O., Art. 2 Rn. 29.

[94] a.a.O., Art. 2 Rn. 36; a.A. *Skistims,* Smart Homes, S. 397.

[95] *Roßnagel,* in: Hornung/Simitis/Spiecker, Datenschutzrecht, Art. 2 Rn. 36; *Ernst,* in: Paal/Pauly, DSGVO, Art. 2 Rn. 20.

natürlichen Person zu analysieren oder vorherzusagen. Es handelt sich nicht um Profiling, wenn Daten manuell verknüpft werden, um bestimmte Aspekte einer Person zu bewerten.[96] Beim Profiling ist von einer besonderen Gefährdung für die Rechte der Betroffenen auszugehen, da eine Bewertung des Betroffenen mit technischen Mitteln erfolgt, die negative Auswirkungen für den Betroffenen haben kann.[97] Gem. Art. 22 Abs. 1 i.V.m Abs. 2 lit. c darf Profiling, das eine rechtliche Wirkung oder eine Beeinträchtigung für den Betroffenen mit sich bringt, u.a. nur mit dessen ausdrücklicher Einwilligung angewendet werden. Typische Beispiele für Profiling sind das sog. Scoring und, in den letzten Jahren vermehrt angewendete, Arbeitnehmer-Bewertungssysteme.[98] Auch beim Betreiben eines Smart Homes ist ein Profiling möglich. Die so erstellten Profile können dann bspw. missbraucht werden, um individualisiertes Direktmarketing anzuwenden oder um Aufschluss darüber zu geben, zu welchen Zeiten niemand in der Wohnung ist und somit ein Einbruch möglich wäre.[99]

4.2.1.2.4 Pseudonymisierung

In Art. 4 Nr. 5 wird Pseudonymisierung definiert als die Verarbeitung personenbezogener Daten in einer Weise, dass die personenbezogenen Daten ohne Hinzuziehung zusätzlicher Informationen nicht einer spezifischen betroffenen Person zugeordnet werden können, sofern diese zusätzlichen Informationen gesondert aufbewahrt werden und technischen und organisatorischen Maßnahmen unterliegen, die gewährleisten, dass die personenbezogenen Daten nicht einer identifizierten oder identifizierbaren natürlichen Person zugewiesen werden. Identifikationsmerkmale werden dabei durch ein Kennzeichen ersetzt, um eine Identifizierbarkeit auszuschließen oder deutlich zu erschweren. Bei pseudonymisierten Daten besteht immer eine Zuordnungsregel, welche die Verbindung zwischen den unter Pseudonym erfassten Daten und der betroffenen Person herstellt. Zumindest der für die Pseudonymisierung Verantwortliche, kann den Personenbezug der Daten regelmäßig wiederherstellen.[100] Wie auch bei der Beurteilung des Personen-

---

[96] *Buchner,* in: Kühling/Buchner, DSGVO BDSG Kommentar, Art. 4 Nr. 2, Rn. 5.

[97] *Eßer,* in: Auernhammer, DSGVO BDSG, Art. 4 Rn. 26; *Pötters/Böhm* in: Wybitul (Hrsg.), Art. 4, Rn. 14.

[98] *Schreiber* in: Plath, BDSG/DSGVO, Art. 4 Rn. 16.

[99] *Roßnagel et al.,* Datenschutzrecht 2016, S. 15; *Möllers/Vogelsang,* DuD 2016, 497 (498).

[100] *Klar/Kühling* in: Kühling/Buchner, DSGVO, Art. 4 Nr.5 Rn. 2; *Eßer,* in: Auernhammer, DSGVO BDSG, Art. 4 Rn. 29.

bezugs,[101] gibt es einen Rechtsstreit darüber, ob es sich bei pseudonymisierten Daten weiterhin um personenbezogene Daten handelt, oder nicht. Die absolute Theorie sieht dabei den Personenbezug der pseudonymisierten Daten als gegeben an und begründet dies mit der objektiven Möglichkeit des Verarbeiters den Personenbezug wieder herstellen zu können.[102] Der Ansatz der relativen Identifizierbarkeit sieht dagegen pseudonymisierte Daten nicht als personenbezogene Daten an, solange derjenige, der diese verarbeiten möchte nicht über das zur Re-Identifizierung nötige Zusatzwissen verfügt.[103]

4.2.1.3 Adressaten der Datenschutz-Grundverordnung

Art. 3 adressiert den Verantwortlichen sowie den Auftragsverarbeiter und zeigt bzgl. des räumlichen Anwendungsbereichs zwei unterschiedliche Alternativen auf. Zum einen findet die Verordnung gem. Art. 3 Abs. 1 dann Anwendung, wenn personenbezogene Daten im Rahmen der Tätigkeiten einer Niederlassung eines Verantwortlichen oder Auftragsverarbeiters in der Union verarbeitet werden, unabhängig davon, wo die Verarbeitung stattfindet. Zum anderen fällt es gem. Art. 3 Abs. 2 ebenfalls in den räumlichen Anwendungsbereich, wenn ein Verantwortlicher oder Auftragsverarbeiter, der nicht in der EU niedergelassen ist, personenbezogene Daten von Betroffenen verarbeitet, die sich innerhalb der Union aufhalten. Voraussetzung dafür ist, dass die Datenverarbeitung entweder dazu geeignet ist, Waren oder Dienstleistungen anzubieten, oder das Verhalten der Betroffenen zu beobachten. Dieses sog. Marktortprinzips soll u.a. gleiche Wettbewerbsbedingungen für alle am Binnenmarkt tätigen Anbieter herstellen,[104] indem es auch internationale Internetkonzerne ohne Niederlassung in der EU mit adressiert.[105] Ein Angebot von Waren oder Dienstleistungen i.S.d. Art. 3 Abs. 2 lit. a erfordert keinen Vertragsschluss, das bloße Einrichten einer Website mit Angebotsmodalitäten in der Landessprache

---

[101] s. Kap. 2.1.2.

[102] *Schaar,* DS im Internet, Rn. 162 u. 153; *Weichert,* DUD 2007, 17 (19); *Pahlen-Brandt,* DuD 2008, 34 (35); *Art.-29-Datenschutzgruppe,* Stellungn. *4/2007,* WP 136, 21.

[103] *Roßnagel/Scholz,* MMR 2000, 721 (724f); *Hornung,* DuD 2004, 429 (430); *Härting,* NJW 2013, 2065 (2067); *Schreiber* in: Plath, BDSG/DSGVO, Art. 4 Rn. 20; *Eßer,* in: Auernhammer, DSGVO BDSG, Art. 4 Rn. 39.

[104] *Schantz,* NJW 2016, 1841 (1842); *Bornemann/Wetzel,* RDV 2016, 253 (255).

[105] *Husemann* in: Roßnagel (Hrsg.), §3, Rn. 15; *Kort,* ZD 2016, 555 (560).

eines Mitgliedsstaates reicht aus.[106] Eine Beobachtung des Verhaltens der Betroffenen i.S.d. Art. 3 Abs. 2 lit. b liegt beispielsweise immer dann vor, wenn sog. Web Analytics-Techniken zum Einsatz kommen, die das Verhalten von Website-Besuchern auswerten, um die Erstellung umfangreicher Nutzerprofile zu ermöglichen.[107]

4.2.1.3.1 Der Verantwortliche

Die DSGVO definiert in Art. 4 Nr. 7 natürliche oder juristische Personen, die allein oder gemeinsam mit anderen über die Zwecke und Mittel der Verarbeitung personenbezogener Daten entscheiden, als *Verantwortliche*. Der oder die Verantwortliche muss aber nicht zwingend eine einzelne Stelle sein, sondern es können auch mehrere Stellen gemeinsam die datenschutzrechtliche Verantwortung haben.[108] Wesentliches Merkmal dafür, wer als Verantwortlicher anzusehen ist, ist wer die wesentlichen Entscheidungen über die Verarbeitung von personenbezogenen Daten trifft, bzw. wer über die entspr. Befugnis verfügt.[109] Sind mehrere Personen gemeinsam für die Verarbeitung personenbezogener Daten verantwortlich, so sind diese nach Art. 26 Abs. 1 und Eg. 79 zu einer klaren und transparenten Aufgabenverteilung verpflichtet.

Auch im Smart Home ist für die Frage wer der Verantwortliche ist darauf abzuzielen, wer darüber entscheidet, welche Daten, auf welche Art und Weise und zu welchem Zweck erhoben und verarbeitet werden.[110] Im Rahmen der Privatautonomie hat zunächst der Home Service Plattformbetreiber die Entscheidungsgewalt über die smarten Techniken, die Sensorik und die Anwendungen, die in der Wohnung eingesetzt werden.[111] Durch die Konfiguration der Komponenten und des Betriebssystems ist er befähigt, den Umgang mit personenbezogenen Daten zusätzlich zu

---

[106] *Husemann* in: Roßnagel (Hrsg.), §3 Rn. 15; *Piltz*, K&R 2013, 292 (297); *Schantz*, NJW 2016, 1841 (1842).

[107] Eg. 24 DSGVO; *Husemann* in: Roßnagel (Hrsg.), §3 Rn. 16.

[108] *Monreal*, ZD 2014, 611 (612); *Dammann*, ZD 2016, 307 (312); *Schreiber* in: Plath, BDSG/DSGVO, Art. 4 Rn. 26; *Hartung* in: Kühling/Buchner, DSGVO, Art. 4 Nr. 7 Rn. 12.

[109] *Art.-29-Datenschutzgruppe*, Stellungn. 1/2010, WP 169, 11f, 39; *Monreal*, ZD 2014, 611 (612); *Schantz* in: Schantz/Wolff (Hrsg.), Rn. 356.

[110] *Jandt/Roßnagel*, ZD 2011, 160 (161); *Monreal*, ZD 2014, 611 (612); *Skistims.* Smart Homes, S. 369.

[111] a.a.O., S. 372.

beeinflussen.[112] Für die Verarbeitung von Daten innerhalb eines Haussystems, dass auf die Einbindung extern betriebener Anwendungen verzichtet, ist demzufolge der Betreiber des Smart Homes Verantwortlicher i.S.d. Art. 4 Nr. 7.

Auch für den Fall, dass externe Anwendungen in das System integriert werden und, durch die Sensoren innerhalb des intelligenten Zuhauses erhobene, personenbezogene Daten zur Verarbeitung an den Anwendungsbetreiber übermittelt werden, liegt die Verantwortung beim Home Service Betreiber, da dieser nach wie vor Einfluss auf die Mittel der Datenverarbeitung hat.[113] Er kann das Haussystem so einstellen, dass externe Anwendungen nur auf bestimmte Funktionen begrenzt sind und entscheidet, welche Hardware und Sensorik im Smart Home verwendet wird.[114] Werden personenbezogene Daten durch eine Service Provider Plattform verarbeitet, nachdem sie an diese übermittelt wurden, so trägt dafür der Service Provider die Verantwortung, da der Smart Home Betreiber in diesem Fall keine Einflussmöglichkeit mehr auf die Verarbeitung hat. Schließlich besteht eine gemeinsame Verantwortlichkeit der Service Provider und Home Service Plattformbetreiber, wenn Anwendungen des Service Providers dauerhaft in das Haussystem eingebunden sind und auf dessen Sensorik zurückgreifen, die Daten aber auf externen Servern verarbeitet und anschließend wieder dem Haussystem zur Verfügung gestellt werden.[115] Nicht in Betracht als Verantwortliche kommen Nutzer des Smart Homes, die keine Einflussmöglichkeit auf die Datenverarbeitung haben, wie z.B. Familienmitglieder ohne Zugang zum IT-System.

4.2.1.3.2 Der Auftragsverarbeiter

Auftragsverarbeiter i.S.d. Art. 4 Nr. 8 sind natürliche und juristische Personen, Behörden, Einrichtungen oder andere Stellen, die personenbezogene Daten im Auftrag des Verantwortlichen verarbeiten. Die Bedingungen und Voraussetzungen bzgl. der Auftragsverarbeitung sind in den Artt. 28, 29 geregelt. Der Auftragsverarbeiter ist gem. Art. 28 Abs. 3 lit. a) dem Verantwortlichen gegenüber weisungsgebunden, wobei die Weisungen dokumentiert werden müssen. Der Auftrags-

---

[112] a.a.O., S. 372; *Jandt/Roßnagel*, ZD 2011, 160 (161).

[113] *Skistims*, Smart Homes, S. 374; *Kroschwald*, Inf. Selbstbestimmung in der Cloud, S. 114; *Alich/Nolte*, CR 2011, 741 (744).

[114] *Skistims*, Smart Homes, S. 374; *Kroschwald*, Inf. Selbstbestimmung in der Cloud, S. 115.

[115] a.a.O., S. 114; *Skistims*, Smart Homes, S. 376.

verarbeiter ist weder als Verantwortlicher,[116] noch als Dritter nach Art. 4 Nr. 1, sondern als Empfänger personenbezogener Daten i.S.d. Art. 4 Nr. 9 einzuordnen.[117]

In der Literatur führt die Frage, wie Übermittlungen personenbezogener Daten zwischen Verantwortlichem und Auftragsverarbeiter einzuordnen sind regelmäßig zu Diskussionen. Die eine Seite vertritt die Ansicht, es bestünde die Privilegierung, dass bei Datenübertragungen zwischen Verantwortlichem und Auftragsverarbeiter der Erlaubnisvorbehalt[118] nicht greift, da dieser nach dem Wortlaut des Art. 6 Abs. 1 nur die Datenweitergabe an Dritte begrenzt.[119] Auf der anderen Seite wird die Ansicht vertreten, dass auch die Übertragung von personenbezogenen Daten zwischen Verantwortlichem und Auftragsverarbeiter einer Rechtfertigung bedarf, da diese Weitergabe als Verarbeitungstätigkeit anzusehen ist.[120]

4.2.1.4 Rechtmäßigkeit der Verarbeitung

Jede Verarbeitung von personenbezogenen Daten ist verboten, wenn keine, der in Art. 6 Abs. 1 aufgezählten Voraussetzungen für eine rechtmäßige Verarbeitung, vorliegt. Diese rechtliche Konstellation wird auch als Verbot mit Erlaubnisvorbehalt bezeichnet und kam bereits in § 4 BDSG aF zur Anwendung. Art. 6 stellt, bzgl. der Zulässigkeit der Verarbeitung von personenbezogenen Daten, die zentrale Norm innerhalb der Verordnung dar.[121] Zur zusätzlichen Absicherung wird das Verbot mit Erlaubnisvorbehalt durch Anwendung des übergreifenden Prinzips der Erforderlichkeit ergänzt.[122] Demzufolge wird die Verarbeitung personenbezogener Daten nur dann durch einen der in Art. 6 genannten Erlaubnistatbestände zulässig,

---

[116] *Martini,* in: Paal/Pauly, DSGVO, Art. 29 Rn. 20; *Schantz,* in: Schantz/Wolff (Hrsg.), Rn. 938.

[117] *Hofmann,* in: Roßnagel (Hrsg.), § 5 Rn. 77; *Martini,* in: Paal/Pauly, DSGVO, Art. 28 Rn. 8.

[118] s. unter 2.1.4

[119] *Albrecht/Jotzo,* Das neue Datenschutzrecht der EU, S. 97 Rn. 22; *Hartung,* in: Kühling/Buchner, DSGVO, Art. 28 Rn. 15; *Martini,* in: Paal/Pauly, DSGVO, Art. 28 Rn. 10; *Kramer,* in: Gierschmann, Kommentar DSGVO, Art. 4 Nr. 8 Rn. 11ff.

[120] *Roßnagel/Nebel/Richter,* ZD 2013, 103 (105); *Nebel/Richter,* ZD 2012, 407 (411); *Roßnagel/Kroschwald,* ZD 2014, 495 (497); *Eckhardt/Kramer,* DuD 2013, 287 (291); *Hofmann,* in: Roßnagel (Hrsg.), § 5 Rn. 77.

[121] *Frenzel,* in: Paal/Pauly, DSGVO, Art. 6 Rn. 1.

[122] *A.a.O.,* Art. 6 Rn. 9; *Buchner/Petri,* in: Kühling/Buchner, DSGVO, Art. 6 Rn. 15.

wenn sie für das mit der Verarbeitung angestrebte Ziel erforderlich ist, diesbezüglich also keine Alternative zur Datenverarbeitung besteht.[123]

4.2.1.4.1 Einwilligung

Datenverarbeitungen sind nach Art. 6 Abs. 1 lit. a) rechtmäßig, wenn der Betroffene seine Einwilligung dazu zum Ausdruck gebracht hat. Durch die Einwilligung eines Betroffenen verwirklicht er sein Recht auf informationelle Selbstbestimmung.[124] Eine Einwilligung ist gem. Art. 4 Nr. 11 eine Willensbekundung in Form einer Erklärung, mit der die betroffene Person für den bestimmten Fall, in informierter Weise und unmissverständlich ihr Einverständnis mit der Verarbeitung, der sie betreffenden personenbezogenen Daten, zum Ausdruck bringt. Dafür reichen nach Eg. 32 vor-angekreuzte Kästchen ebenso wenig aus, wie zu schweigen oder untätig zu sein. Die Einwilligung erfolgt gem. Art. 6 Abs. 1 lit. a) für Verarbeitungen zu einem oder mehreren bestimmten Zwecken, somit bezieht sie sich immer auf eine oder mehrere konkrete Datenverarbeitungen.[125] Die Einwilligung muss persönlich abgegeben werden und freiwillig erfolgen,[126] wofür Eg. 42 voraussetzt, dass der Betroffene diesbezüglich eine tatsächliche Wahl hat, er also keine Nachteile befürchten müsste, würde er sie nicht abgeben. Eine Freiwilligkeit ist darüber hinaus immer dann nicht gegeben, wenn zwischen Verantwortlichem und Betroffenem ein klares Ungleichgewicht besteht.[127] Auch Minderjährige können eine wirksame Einwilligung abgeben, solange sie gem. Art. 8 Abs. 1 das sechzehnte Lebensjahr vollendet haben, oder die Einwilligung mit Einverständnis der Erziehungsberechtigten erfolgt. Die Einwilligung muss gem. Eg. 32 nicht in Schriftform abgegeben werden, jedoch ist der Verantwortliche gem. Art. 7 Abs. 1 verpflichtet, diese nachweisen zu

---

[123] *Frenzel*, in: Paal/Pauly, DSGVO, Art. 6 Rn. 9; *Buchner/Petri*, in: Kühling/Buchner, DSGVO, Art. 6 Rn. 15.

[124] BVerfGE v. 23.10.2006 - 1 BvR 2027/02, MMR 2007, 93; *Fladung/Pötters, in:* Wybitul (Hrsg.), Art. 7/8 Rn. 3; *Simitis,* in: Simitis, BDSG, § 4a Rn. 2; *Buchner/Petri*, in: Kühling/Buchner, DSGVO, Art. 6 Rn. 17.

[125] *Ingold*, in: Sydow, Europäische DSGVO, Art. 4 Rn. 174; *Buchner/Kühling,* in: Kühling/Buchner, DS-GVO, Art. 7 Rn. 62.

[126] *Ernst*, in: Paal/Pauly, DSGVO, Art. 4 Rn. 65 – 69.

[127] *Schulz*, in: Gola, DS-GVO, Art. 7 Rn. 20f.; *Buchner/Kühling*, in: Kühling/Buchner, DS-GVO, Art. 7 Rn. 42; *Buchner/Kühling,* DuD 2017, 544 (546).

können. Vrs. werden sich daher auf elektronischem Wege eingeholte Einwilligungen in Textform durchsetzen.[128]

Wenn personenbezogene Daten innerhalb eines intelligenten Zuhauses verarbeitet werden, ist dies nur rechtmäßig, wenn eine gültige Einwilligung des Betroffenen i.S.d. Art. 6 Abs. 1 lit. a zur Verarbeitung seiner Daten abgegeben wurde. Der Betroffene muss dazu darüber informiert sein, welche seiner Daten zu welchem Zweck und in welchem Umfang verarbeitet werden und wer dafür verantwortlich ist.[129] Diese Informationen können bei komplexen Haussystemen mit vielen automatisierten und situationsspezifischen Abläufen, die zudem externe Dienste eines Service Providers einbinden, für den Einwilligenden schwer ersichtlich sein.[130] Besonderes Augenmerk muss darüber hinaus darauf liegen, ob die Einwilligung freiwillig erfolgt.[131] Dazu muss der Betroffene ebenso ausführlich über die im Haus verwendete (Sensor-)Technik unterrichtet worden sein,[132] wie über künftige Übermittlungen seiner Daten und deren potentielle Empfänger.[133] Die Einwilligung kann nicht rückwirkend erfolgen, muss also bereits vor Betreten des Smart Homes erfolgt sein.[134] Besonders die erforderliche Zweckbindung gestaltet sich für die Einwilligung in Datenverarbeitungen durch das IT-System einer intelligenten Wohnumgebung problematisch.[135] Darüber hinaus, muss auch von außenstehenden Personen, wie Gästen, Handwerkern oder Lieferanten, eine Einwilligung erfolgen, bevor deren Daten verarbeitet werden dürfen.

4.2.1.4.2 weitere Erlaubnistatbestände

In Bezug auf die Verarbeitung personenbezogener Daten innerhalb eines Haussystems, kommt Art. 6 Abs. 1 lit. b nicht in Betracht, da der Betreiber weder mit den Nutzern, noch anderen eventuell betroffenen Personen ein (vor-)vertragliches

---

[128] *Nebel,* in: Roßnagel (Hrsg.), § 3 Rn. 95.

[129] *Schulz,* in: Gola, DS-GVO, Art. 7 Rn. 42f; *Buchner/Kühling,* in: Kühling/Buchner, DS-GVO, Art. 7 Rn. 59; *Ernst, ZD 2017, 110 (113).*

[130] *Kühling,* Die Verwaltung 2007, 153 (159); vgl. *Lüdemann,* ZD 2015, 247 (253); *Pollmann/Kipker,* DuD 2016, 378 (379).

[131] *Skistims,* Smart Homes, S. 503.

[132] *a.a.O.,* S. 503; *Roßnagel,* DS in einem informatisierten Alltag, S. 124.

[133] *Buchner/Kühling,* in: Kühling/Buchner, DS-GVO, Art. 7 Rn. 59; *Ernst,* ZD 2017, 110 (113).

[134] *Ingold,* in: Sydow, Europäische DSGVO, Art. 7 Rn. 17; *Ernst,* ZD 2017, 110 (111).

[135] *Schulz,* in: Gola, DS-GVO, Art. 7 Rn. 32; *Katko/Babaei-Beigi,* MMR 2014, 360 (362); *Roßnagel et al.,* Datenschutzrecht 2016, S. 166; zur Zweckbindung s. 2.1.5.3.

Verhältnis unterhält, das im Zusammenhang mit dem Smart Home steht.[136] Auch Datenverarbeitungen die i.V.m. der Erfüllung rechtlicher Pflichten (lit. c), dem Schutz lebenswichtiger Interessen (lit. d) oder der Wahrnehmung öffentlicher Interessen (lit. e) stehen, sind innerhalb einer smarten Wohnung nicht ersichtlich.

U.U. kann eine Verarbeitung personenbezogener Daten, im Zusammenhang mit einem Smart Home, allerdings durch Art. 6 Abs. 1 lit. f gerechtfertigt sein. Danach sind Verarbeitungen erlaubt, wenn sie für die Wahrung berechtigter Interessen des Verantwortlichen oder eines Dritten erforderlich sind, sofern nicht die Grundrechte oder Interessen des Betroffenen überwiegen. Als berechtigtes Interesse kommen rechtliche, ideelle, tatsächliche und wirtschaftliche Interessen in Betracht, bei deren Abwägung der grundrechtliche Schutz des Verantwortlichen oder Dritten, insb. durch Meinungs-, Presse-, Rundfunk- und Berufsfreiheit mit einbezogen wird.[137] Eg. 47ff. nennen mit der Verhinderung von Betrug, der Direktwerbung, dem Datenaustausch innerhalb einer Unternehmensgruppe und der Gewährleistung der IT-Sicherheit einige Beispiele für ein berechtigtes Interesse des Verantwortlichen. Vorausgesetzt es liegt ein berechtigtes Interesse vor, so kommt es zu einer Abwägung des Persönlichkeitsrecht des Betroffenen auf der einen und den Interessen des Verarbeiters auf der anderen Seite.[138] Kann ein Haussystembetreiber darlegen, dass für konkrete Anwendungszwecke die Verarbeitung bestimmter Daten, erforderlich ist, so lassen sich daraus regelmäßig schutzwürdige Interessen des Betreibers schließen.[139] Bei der Abwägung der Interessen des Verantwortlichen mit dem Persönlichkeitsrecht des Betroffenen ist ein Vergleich von Art, Inhalt und Aussagekraft der verarbeiteten Daten mit dem Zweck der Verarbeitung von besonderer Bedeutung.[140] Generell überwiegt allerdings das Interesse der Betroffenen gegenüber dem des Haussystembetreibers, wenn Daten verarbeitet werden, um daraus zweckunspezifische Profile zu bilden.[141]

---

[136] *Skistims,* Smart Homes, S. 478.

[137] *Buchner/Petri,* in: Kühling/Buchner, DS-GVO, Art. 6 Rn. 147; *Reimer,* in: Sydow (Hrsg.), Europäische DSGVO, Art. 6 Rn. 62.

[138] *Buchner/Petri,* in: Kühling/Buchner, DS-GVO, Art. 6 Rn. 149; *Plath,* in: Plath, BDSG DSGVO, Art. 6 Rn. 21; *Schulz,* in: Gola, DS-GVO, Art. 6 Rn. 53.

[139] *Skistims,* Smart Homes, S. 481.

[140] BGH, Urt. v. 17.12.1985, Az. VI ZR 244/84, NJW 1986, 2505 (2506); *Skistims,* Smart Homes, S. 481.

[141] a.a.O., S. 481.

4.2.1.5 Datenschutzgrundsätze

In Artikel 5 der Verordnung werden Grundsätze aufgezeigt, die bei der Verarbeitung personenbezogener Daten zu beachten sind. Die Grundsätze sind verbindlich für alle Adressaten des Datenschutzrechts und haben insofern unmittelbare Wirkung, dass jede Verarbeitung, die gegen diese Grundsätze verstößt als rechtswidrig anzusehen ist.[142]

4.2.1.5.1 Rechtmäßigkeit und Verarbeitung nach Treu und Glauben

Personenbezogene Daten dürfen gem. Art. 5 Abs. 1 lit. a Var. 1 nur auf rechtmäßige Art und Weise verarbeitet werden. Dieser Artikel beinhaltet damit das datenschutzrechtliche Verbot mit Erlaubnisvorbehalt aus Art. 8 Abs. 2 S. 1 GRCh,[143] das besagt, dass jede Verarbeitung von personenbezogenen Daten grundsätzlich verboten ist, solange diese nicht mit Einwilligung der betroffenen Person oder aufgrund einer sonstigen Rechtsgrundlage aus Art. 6 Abs. 1 erfolgt.

Zusätzlich muss eine Verarbeitung gem. Art. 5 Abs. 1 lit. a Var. 2 nach Treu und Glauben erfolgen, also innerhalb dessen liegen, womit der Betroffene auf Grund der rechtlichen Regeln zu rechnen hat.[144] Dieser Grundsatz bezieht sich auf das Verhältnis zwischen Verantwortlichem und Betroffenem und sieht, als Auffangklausel, jedes unfaire Verhalten zwischen diesen als rechtswidrig an.[145]

4.2.1.5.2 Transparenz

Der Grundsatz der Transparenz ist Art. 5 Abs. 1 lit. a Var. 3 zu entnehmen, wonach personenbezogene Daten in einer Weise verarbeitet werden müssen, die für die betroffene Person nachvollziehbar ist. Für natürliche Personen, deren Daten verarbeitet werden, soll gem. Eg. 39 Transparenz bzgl. des Zweckes und des Umfangs der Verarbeitungstätigkeiten, den damit einhergehenden Risiken, der Identität des Verantwortlichen sowie der Betroffenenrechte bestehen. Informationen, die in Bez. zur Datenverarbeitung stehen, sollen für Betroffene leicht zugänglich und darüber hinaus, gem. Art. 12 Abs. 1 durch Verwendung klarer und einfacher Sprache, auch leicht zu verstehen sein. Heimliche Verarbeitungstätigkeiten sind generell unrechtmäßig und für Verantwortliche besteht die Pflicht, Betroffene über

---

[142] *Roßnagel*, in: Roßnagel (Hrsg.), § 3 Rn. 39.

[143] *Albrecht/Jotzko*, Das neue Datenschutzrecht der EU, S. 50 Rn. 2.

[144] *Wolff*, in: Schantz/Wolff (Hrsg.), S. 129 Rn. 393.

[145] *Roßnagel*, in: Roßnagel (Hrsg.), § 3 Rn. 54f.

Verarbeitungen ihrer personenbezogenen Daten i.R.d. Artt. 12 bis 14 umfassend zu informieren.[146] Bei jeder Erhebung personenbezogener Daten, die beim Betroffenen selbst oder an anderer Stelle erfolgt, ist der Betroffene zu informieren und ihm sind die in Art. 13 bzw. Art. 14 genannten Informationen mitzuteilen, u.a. der Verarbeitungszweck, die Rechtsgrundlage und wer die Verantwortung trägt.

Für den Bereich der intelligenten Wohnumgebungen kann sich, je nach Komplexität des Systems, die Einhaltung des Transparenzgebots schwierig gestalten.[147] Zum einen aufgrund der Menge anfallender Datenverarbeitungsvorgänge, zum anderen dadurch, dass diese meistens unbemerkt im Hintergrund ablaufen.[148] Darüber hinaus würde es wohl bei niemandem auf Zuspruch stoßen, wenn er täglich mehrere hundert Mal auf Hinweise oder Unterrichtungen bzgl. der Verarbeitung seiner Daten aufmerksam gemacht werden würde,[149] eine derartige Flut von Zwangsinformationen würde wohl eher zu Desensibilisierung und Ablehnung führen als zu einer Aufmerksamkeit gegenüber den Verarbeitungsvorgängen.[150]

4.2.1.5.3 Zweckbindung

Der in Art. 5 Abs. 1 lit. b enthaltene Grundsatz der Zweckbindung, stellt den zentralen Grundsatz innerhalb des Datenschutzrechts dar.[151] Der Grundsatz der Zweckbindung gilt für jede Verarbeitung personenbezogener Daten, auch für die, die auf einer Einwilligung beruhen.[152] Er bestimmt, dass jeder Verarbeitung eine Bestimmung der Zwecke, für die die Daten verarbeitet werden sollen, vorangehen muss.[153] Der Zweck beschreibt, welcher Zustand durch die getätigte Datenverarbeitung

---

146 *Herbst,* in: Kühling/Buchner, DS-GVO, Art. 5 Rn. 18; *Plath,* in: Plath, BDSG/DSGVO, Art. 5 Rn. 5.

147 *Raabe/Weis,* RDV 2014, 231 (236).

148 *Roßnagel et al.,* Datenschutz 2016, S. 100; *Roßnagel,* in: Roßnagel/Sommerlatte/Winand, S.140; *Roßnagel,* DS in einem informatisierten Alltag, S. 133; *Bauer/Eickmeier/Eckard,* E-Health: DS und Datensicherheit, S. 37f.; *Roßnagel,* MMR 2005, 71 (72); *Roßnagel,* DuD 2016, 561 (563); *Geminn,* DuD 2016, 575 (578).

149 *Hornung,* in: Hempel/Krasmann/Bröckling (Hrsg.), S. *256.*

150 *Roßnagel et al.,* Datenschutz 2016, S. 100; *Roßnagel,* DS in einem informatisierten Alltag, S. 134.

151 *Kramer,* in: Auernhammer, BDSG DS-GVO, Art. 5 Rn. 13; *Herbst,* in: Kühling/Buchner, DS-GVO, Art. 5 Rn. 20; *Wolff,* in: Schantz/Wolff, S. 130 Rn. 397; *Roßnagel,* in: Roßnagel (Hrsg.), § 3 Rn. 60; *Richter,* DuD 2015, 735 (735); *Dammann,* ZD 2016, 307 (311).

152 *Wolff,* in: Schantz/Wolff (Hrsg.), S. 130 Rn. 397.

153 *Kramer,* in: Auernhammer, BDSG DS-GVO, Art. 5 Rn. 13; *Roßnagel,* in: Roßnagel (Hrsg.), § 3 Rn. 61.

angestrebt wird.[154] Er muss legitim und eindeutig sein,[155] darf also nicht zu allgemein gefasst sein, um es dem Betroffenen zu ermöglichen, die Folgen der Verarbeitung seiner Daten abschätzen zu können.[156] Die Verarbeitung personenbezogener Daten, um sie für Werbung oder Big-Data-Anwendungen zu nutzen, wäre demzufolge kein eindeutiger Zweck i.S.d. Art. 5 Abs. 1 lit. b.[157] Besondere Bedeutung kommt somit der Auslegung des Begriffs des „eindeutigen" Zweckes zu.[158]

Sind personenbezogene Daten einmal zu einem bestimmten Zweck erhoben worden, so muss jede weitere Verarbeitung mit dem ursprünglichen Zweck vereinbar sein.[159] Der Erhebungszweck ist demzufolge mit dem Zweck der Weiterverarbeitung, unter Berücksichtigung des Art. 6 Abs. 4, zu vergleichen.[160] Ist die Vereinbarkeit gegeben, so ist für die weitere Verarbeitung, trotz Zweckänderung, keine neue Rechtsgrundlage erforderlich.[161] Die Zweckänderung ist dem Betroffenen gem. Art. 14 Abs. 1 lit c mitzuteilen und muss nach Art. 30 dokumentiert werden. Liegt keine Vereinbarkeit vor, so muss eine Neuerhebung der Daten erfolgen.[162]

Lassen sich der ursprüngliche Zweck und der Zweck der Weiterverarbeitung nicht vereinbaren, die Weiterverarbeitung ist aber durch einen der Erlaubnistatbestände des Art. 6 Abs. 1 lit. b–f oder durch eine wirksame Einwilligung gedeckt, werden im Schrifttum zwei unterschiedliche Meinungen vertreten. Eine Ansicht lehnt in diesem Fall eine Vereinbarkeitsprüfung als Voraussetzung für die Weiterverarbeitung ab, da diese nach dem Wortlaut des Art. 6 Abs. 4 nur dann erforderlich sei, wenn

---

154 *Roßnagel,* in: Roßnagel (Hrsg.), § 3 Rn. 63.

155 *a.a.O.,* § 3 Rn. 64; *Wolff,* in: Schantz/Wolff (Hrsg.), Rn. 401.

156 *Kramer,* in: Auernhammer, BDSG DS-GVO, Art. 5 Rn. 14; *Von Grafenstein,* DuD 2015, 789 (793); *Roßnagel,* DS in einem informatisierten Alltag, S. 143; *Roßnagel et al.,* Datenschutzrecht 2016, S. 160.

157 *Wolff,* in: Schantz/Wolff (Hrsg.), Rn. 405.

158 *Ohrtmann/Schwiering,* NJW 2014, 2984 (2987); *Schantz,* MMR 2016, 1841 (1843f.); *Roßnagel et al.,* Datenschutzrecht 2016, S. 160;

159 *Wolff,* in: Schantz/Wolff (Hrsg.), Rn.398.

160 *a.a.O.* Rn. 412; *Roßnagel,* in: Roßnagel (Hrsg.), § 3 Rn. 67.

161 *Roßnagel/Nebel/Richter,* ZD 2015, 455 (457); *Richter,* DuD 2015, 735 (736); *Richter,* DuD 2016, 581 (584); *Monreal,* ZD 2016, 507 (510); *Kühling/Martini,* EuZW 2016, 448 (451); *Roßnagel* et al., Datenschutzrecht 2016, S. 161; *Roßnagel,* in: Roßnagel (Hrsg.), § 3 Rn. 68; *Wolff,* in: Schantz/Wolff (Hrsg.), S. 134 Rn. 411; *Plath,* in: Plath, BDSG/DSGVO, Art. 5 Rn. 8.

162 *Roßnagel,* in: Roßnagel (Hrsg.), § 3 Rn. 6

für die Weiterverarbeitung keine neue Rechtsgrundlage vorläge.[163] Die Gegner dieses Ansatzes vertreten dagegen die Meinung, dass, für die Rechtfertigung einer Zweckänderung, die Vereinbarkeit der Zwecke i.S.d. Art. 6 Abs. 4 in jedem Fall erforderlich sei.[164] Dieser Ansicht ist zu folgen, da sie sich auch darauf stützen lässt, dass der von den Mitgliedsstaaten geäußerte Vorschlag,[165] eine Zweckänderung ohne die Bedingung der Vereinbarkeit in die DSGVO aufzunehmen, vom Europäischen Parlament abgelehnt wurde.[166]

Bei einem Smart Home, das auf einem überschaubaren IT-System aufbaut, welches größtenteils auf Sensoren verzichtet und über manuelle Eingaben des Betreibers, z.B. über ein mobiles Endgerät gesteuert wird, ist die Einhaltung des Zweckbindungsgrundsatzes bei der Verarbeitung personenbezogener Daten realisierbar. Betrachtet man diesen Grundsatz jedoch in Bez. auf die Allgegenwart von Datenverarbeitungsvorgängen, wie sie in komplexen, automatisierten Wohnumgebungen anzufinden ist, so besteht diesbezüglich ein Antagonismus. Ziel des Zweckbindungsgrundsatzes ist es, den Betroffenen davor zu schützen, dass seine Daten in einer Weise weiterverarbeitet werden, auf die er keinen Einfluss nehmen kann.[167] Eine Datensammlung auf Vorrat und das Erstellen von Profilen sind damit nicht vereinbar.[168] Diesem Ziel widerspricht die Idee der unbemerkten, alltäglichen Unterstützung durch das Smart Home, dessen Funktionalität u.a. darauf aufbaut, spontan auf das Verhalten und die Bedürfnisse der Bewohner zu reagieren.[169] Datenverarbeitung findet dazu i.d.R. durch versch. Sensoren statt, die sämtliche Informationen erfassen, die eine Relevanz für das Haussystem haben könnten.[170] Die

---

[163] *Kramer,* in: Auernhammer, BDSG DS-GVO, Art. 5 Rn. 16; *Plath,* in: Plath, BDSG/DSGVO, Art. 5 Rn. 8.

[164] *Wolff,* in: Schantz/Wolff (Hrsg.), S. 134 Rn. 412; *Pötters,* in: Gola, DS-GVO, Art. 5 Rn. 18; *Albrecht/Jotzko,* Das neue Datenschutzrecht der EU, S. 52; *Albrecht,* CR 2016, 88 (92).

[165] *Rat der Europäischen Union,* Dok.-Nr. 9565/15, Art. 6 Abs. 4, S. 85.

[166] *Albrecht,* CR 2016, 88 (92).

[167] *Kramer,* in: Auernhammer, BDSG DS-GVO, Art. 5 Rn. 13; *Roßnagel,* DS in einem informatisierten Alltag, S. 138; *Roßnagel/Pfitzmann/Garstka,* Modernisierung, S. 111.

[168] BVerfGE 65,1 (49); *Richter,* DuD 2015, 735 (735); *Müller,* Auto-ID-Verfahren, S. 136f.; *v. Zezschwitz,* in: Roßnagel (Hrsg.), Handbuch Datenschutzrecht, 2003, 3.1 Rn. 3.

[169] *Roßnagel,* DS in einem informatisierten Alltag, S. 139; *Müller,* Auto-ID-Verfahren, S. 20; *Roßnagel et al.,* Datenschutzrecht 2016, S. 104; *Skistims,* Smart Homes, S. 400; *Roßnagel,* in: Roßnagel/Sommerlatte/Winand (Hrsg.), S. 142; *Roßnagel/Müller,* CR 2004, 625 (630).

[170] *Skistims,* Smart Homes, S. 400; *Roßnagel,* DS in einem informatisierten Alltag, S. 139f.; *Langheinrich* in: Fleisch/Mattern (Hrsg.), S. 339.

tatsächlichen Verarbeitungszwecke dieser Daten können daher erst nach der Erhebung beurteilt werden.[171] Eine enge Auslegung des Zweckbindungsgrundsatzes und die daraus resultierenden Verbote für Datenerhebungen auf Vorrat und Profilbildungen, schließen eine datenschutzrechtskonforme Nutzung solcher Haus-Systeme aus, da diese für viele Funktionen, wie situationsbedingte Lern- und Anpassungsfähigkeit, auf eine Vorratsspeicherung und auf die Erstellung von Nutzerprofilen, angewiesen sind.[172] Eine weiter gefasste Auslegung der Zweckbestimmung würde zwar u.U. die Nutzung allgegenwärtiger Technik ermöglichen, gleichzeitig aber den Datenschutz erheblich aufweichen.[173]

4.2.1.5.4 Datenminimierung

Gem. Art. 5 Abs. 1 lit. c sind personenbezogene Daten dem Zweck angemessen und erheblich zu verarbeiten sowie auf das für die Zwecke der Verarbeitung erforderliche Maß beschränkt. Die Wahl der Mittel und des Zwecks, sind demzufolge insofern eingeschränkt, dass jeweils der Verarbeitungsvorgang zu wählen ist, bei dem die wenigsten personenbezogenen Daten verarbeitet werden müssen, um das angestrebte Ziel zu erreichen.[174] Zusätzlich sollen immer, wenn es möglich ist, aus Gründen der Datenvermeidung und -sparsamkeit, anonymisierte oder pseudonymisierte statt personenbezogener Daten verarbeitet werden.[175]

Aufgrund der Ausrichtung der Datenminimierung am Zweck der Verarbeitung, sind in Bez. auf Datenverarbeitungen im intelligenten Zuhause die gleichen Probleme zu erkennen, wie schon bei der Zweckbindung.[176] Für automatisierte, im Hintergrund ablaufenden Funktionen wäre es erforderlich, möglichst viele Daten für einen langen Zeitraum zu speichern, um bei Bedarf auf diese zurückgreifen zu können, was im Gegensatz zu den Grundsätzen des Art. 5 Abs. 1 lit. c steht.[177]

---

[171] *Roßnagel*, DS in einem informatisierten Alltag, S. 141; *Skistims*, Smart Homes, S. 400; *Roßnagel et al.*, Datenschutzrecht 2016, S. 105.

[172] a.a.O., S. 105; *Roßnagel*, in: Roßnagel/Sommerlatte/Winand (Hrsg.), S. 144; *Geminn*, DuD 2016, 575 (578).

[173] *Roßnagel*, DS in einem informatisierten Alltag, S. 143; *Roßnagel/Pfitzmann/Garstka*, Modernisierung, S. 111f.; *Roßnagel*, in: Roßnagel/Sommerlatte/Winand (Hrsg.), S. 144.

[174] *Roßnagel*, in: Roßnagel (Hrsg.), § 3 Rn. 71; *Plath,* in: Plath, BDSG/DS-GVO, Art. 5 Rn. 10.

[175] *Wolff,* in: Schantz/Wolff (Hrsg.), S. 138 Rn. 427.

[176] *Roßnagel*, MMR 2005, 71 (72); *Roßnagel*, in: Roßnagel/Sommerlatte/Winand (Hrsg.), S. 146.

[177] a.a.O., S. 146; *Roßnagel*, DS in einem informatisierten Alltag, S. 146; *Roßnagel* et al., Datenschutzrecht 2016.

4.2.1.5.5 Richtigkeit, Speicherbegrenzung und Systemdatenschutz

In Art. 5 Abs. 1 lit. d-f sind weitere Grundsätze für die Verarbeitung enthalten. Nach dem Gebot der Richtigkeit sind personenbezogene Daten sachlich richtig und auf dem neuesten Stand zu verarbeiten, d.h., dass unrichtige Daten zu berichtigen oder zu löschen sind.[178] Das Gebot der Speicherreduzierung verlangt, dass in vorhandenen Datensätzen die Zuordnung von Personen zu bestimmten Daten zu entfernen ist, sobald der Bezug für die Zwecke der Datenverarbeitung nicht mehr erforderlich ist.[179] Der letzte Grundsatz des Art. 5 Abs. 1 lit. f beinhaltet das Gebot der Integrität und Vertraulichkeit, welches dem Verantwortlichen die Pflicht auferlegt, eine angemessene technische Sicherheit der personenbezogenen Daten zu gewährleisten.[180]

4.2.1.6 Datenschutz durch Technik

Das Ziel die ungewollte Verbreitung personenbezogener Daten zu verhindern und damit die informationelle Selbstbestimmung innerhalb eines ubiquitären Systems zu schützen, verfolgt der Ansatz *Datenschutz durch Technik*.[181] Bereits Mark Weiser wies auf die Möglichkeit hin, Datenschutztechnik schon während der Entwicklung neuer Ubiquitous Computing-Systeme mit einzubeziehen.[182] Obwohl der Gedanke, das Datenschutzrecht durch entsprechende Technik zu unterstützen, seit Jahren in der Literatur vertreten wird,[183] ist er im Recht der EU erst seit Inkrafttreten der DSGVO zu finden.[184] Die Verordnung bezweckt mit Art. 25 eine frühestmögliche Berücksichtigung des Datenschutzes, indem dieser bereits bei der Entwicklung und Anschaffung von Programmen, Hardwarekomponenten oder Systemen einbezogen und in die Technik integriert werden soll.[185] Art. 25 adressiert ausschließlich den

---

[178] *Kramer,* in: Auernhammer, DSGVO BDSG, Art. 5 Rn. 21.

[179] *a.a.O.,* Art. 5 Rn. 26.

[180] *Wolff,* in: Schantz/Wolff (Hrsg.), S. 143 Rn. 448.

[181] *Roßnagel,* DS in einem informatisierten Alltag, S. 183.

[182] *Weiser,* Scientific American 1991, 94 (104).

[183] *a.a.O.,* 94 (104); *Bock/Rost,* DuD 2011, 30 (31); *Roßnagel/Müller,* CR 2004, 625 (629); *Roßnagel,* DS in einem informatisierten Alltag, S. 183f.; *Roßnagel* et al., Datenschutzrecht 2016, S. 134.

[184] *Nolte/Werkmeister,* in: Gola, DS-GVO, Art. 25 Rn. 5;

[185] *Hartung,* in: Kühling/Buchner, DS-GVO, Art. 25 Rn. 11; *Plath,* in Plath, BDSG/DS-GVO, Art. 25 Rn. 6; *Nolte/Werkmeister,* in: Gola, DS-GVO, Art. 25 Rn. 6.

Verantwortlichen,[186] darüber hinaus ist er zwar als Appell, aber nicht als Verpflichtung für Hersteller und Produzenten zu verstehen, neue datenschutzfreundliche Produkte zu entwickeln.[187] Art. 25 Abs. 1 beinhaltet den Datenschutz durch Technikgestaltung, in Abs. 2 werden datenschutzfreundliche Voreinstellungen thematisiert und Abs. 3 bestimmt, dass die Erfüllung der Anforderungen des Art. 25 Abs. 1 und 2 durch ein Zertifizierungsverfahren i.S.d. Art. 42 nachgewiesen werden kann.

4.2.1.6.1 Privacy by Design

Der Verantwortliche wird durch Art. 25 Abs. 1 dazu verpflichtet, technische und organisatorische Maßnahmen zu treffen, die geeignet sind die Datenschutzgrundsätze aus Art. 5 Abs. 1 umzusetzen, sowie notwendige Garantien in die Verarbeitung zu integrieren, um die Rechte betroffener Personen zu schützen. Dieses Prinzip des Datenschutzes durch Technikgestaltung wird auch als *Privacy by Design* bezeichnet.[188] Bereits im Zeitpunkt, in dem der Verantwortliche das Mittel einer Datenverarbeitung festlegt, sollen die ergriffenen Maßnahmen ebenfalls feststehen und während des gesamten Verarbeitungsvorgangs implementiert werden.[189] Als geeignete Maßnahmen kommen u.a. die explizit genannte Pseudonymisierung, aber auch Verschlüsselung, Zugangs- und Zutrittskontrollen und alle sonstigen Maßnahmen i.S.d Art. 24 in Betracht.[190] Bei Auswahl der eingesetzten Maßnahmen sind der Stand der Technik, Implementierungskosten, die Art, Umfang, Umstände und Zwecke der Verarbeitung, sowie die Wahrscheinlichkeit und Schwere eventueller Rechtsverletzungen des Betroffenen zu berücksichtigen.

Auch der Verantwortliche für Verarbeitungsvorgänge im Smart Home ist demzufolge zunächst dazu verpflichtet, die Technik, die im Haussystem verwendet wird unter datenschutzrechtlichen Aspekten auszuwählen, darüber hinaus hat er auch dafür Sorge zu tragen, dass Datenverarbeitungen durch das Haussystem z.B. verschlüsselt ablaufen. Diese Einbeziehung von Technik in den Datenschutz ist generell als positiv zu bewerten, es ist aber nicht davon auszugehen, dass sie ausreicht

---

[186] *a.a.O.*, Art. 25 Rn. 10; *Hartung,* in: Kühling/Buchner, DS-GVO, Art. 25 Rn. 12.

[187] *Schantz,* NJW 2016, 1841 (1846); *Richter,* DuD 2012, 576 (578); *Roßnagel/Nebel/Richter,* ZD 2013, 103 (105); *Roßnagel/Nebel/Richter,* ZD 2015, 455 (459); *Plath,* in: Plath, BDSG/DS-GVO, Art. 25 Rn. 7.

[188] *Bock/Rost,* DuD 2011, 30 (31).

[189] *Nolte/Werkmeister,* in: Gola, DS-GVO, Art. 25 Rn. 12.

[190] *Plath,* in: Plath, BDSG/DS-GVO, Art. 25 Rn. 4.

die datenschutzrechtlichen Risiken, die ein auf Basis von Sensorik, Bewegungs- und Verhaltensprofilen automatisiertes Smart Home für seine Bewohner herbeiführt, zu kompensieren. Um es zu ermöglichen solch komplexe Haussysteme datenschutzkonform zu betreiben, müsste zunächst Technik entwickelt und auf den Markt gebracht werden, die für sich den Ansprüchen des Datenschutzrechts genügt. Diese Entwicklung ist aber nur zu erreichen, wenn neben den Verantwortlichen, auch die Hersteller der Informationstechnischen Technik den Pflichten des Datenschutzrechts unterliegen.[191]

4.2.1.6.2 Privacy by Default

Als zweite Methode des Datenschutzes durch Technik nennt Art. 25 Abs. 2 datenschutzfreundliche Voreinstellungen bzw. *Privacy by Default*. Demzufolge ist sicherzustellen, dass durch Voreinstellungen, nur die für den jeweiligen Verarbeitungszweck erforderlichen personenbezogene Daten verarbeitet werden. In erster Linie bezieht sich diese Anforderung auf die Voreinstellungen bei Internetdiensten,[192] kann aber auch auf das Betriebssystem eines intelligenten Zuhauses angewendet werden.[193] In diesem Fall würde die Verpflichtung bestehen, das System dahingehend zu konfigurieren, dass jeweils nur die Daten verarbeitet werden, die für den vom Verantwortlichen festgelegten Zweck erforderlich sind. Diese Verpflichtung reicht aber nicht, um ein angemessenes Datenschutzniveau herzustellen, da auch eine umfängliche Verarbeitung aller Daten, die im Bereich der Wohnung anfallen, rechtmäßig wäre, wenn der Verarbeitungszweck diese erforderlich macht.[194]

4.2.1.7 Übermittlung in Drittstaaten

Wenn Verantwortliche oder Auftragsverarbeiter personenbezogene Daten in ein Drittland, also ein Land außerhalb der EU, übermitteln, ist die Übermittlung nur unter den Bedingungen des 5. Kapitels der Verordnung (Artt. 44 – 50) zulässig. Darüber hinaus sind auch die allgemeinen Zulässigkeitsvoraussetzungen für

---

[191] *Geminn,* DuD 2016, 575 (580); *Baumgartner/Gausling,* ZD 2017, 308 (311); *Hornung,* ZD 2011, 51 (52); *Roßnagel* et al., Datenschutzrecht 2016, S. 174; *Skistims,* Smart Homes, S. 570; a.A. *Reinis,* Datenschutz-Berater 2017, 187 (187).

[192] *Nolte/Werkmeister,* in: Gola, DS-GVO, Art. 25 Rn. 27; *Steinebach/Krempel/Jung/Hoffmann,* DuD 2016, 440 (440).

[193] *Voigt/von dem Bussche,* EU-DSGVO, Praktikerhandbuch, S. 319.

[194] *Roßnagel* et al., Datenschutzrecht 2016, S. 174; *Roßnagel,* in: Roßnagel/Sommerlatte/Winand (Hrsg.), S. 155.

Datenverarbeitungen zu erfüllen, folglich ist eine Zwei-Stufenprüfung erforderlich.[195] Gem. Art. 45 Abs. 1 bedarf es keiner besonderen Genehmigung, wenn für das Empfängerland ein angemessenes Datenschutzniveau durch die Kommission festgestellt wurde. Besteht keine Feststellung i.d.S. kann der Mangel an Datenschutz vom Verantwortlichen oder Auftragsverarbeiter aber dadurch ausgeglichen werden, dass er geeignete Garantie, in Form von Standardschutzklauseln nach Art. 46 Abs. 2 lit. c und d, genehmigten Vertragsklauseln (lit. a) oder internen Datenschutzvorschriften von Unternehmensgruppen gem. Art. 46 Abs. 2 lit. b vorlegt. Sollten auch keine Garantien bestehen, so enthält Art. 49 noch einige Ausnahmen, u.a. das Vorliegen einer ausdrücklichen Einwilligung des Betroffenen. Die vereinigten Staaten sind, seitdem das Safe-Harbour-Abkommen am 06.10.2015 für unwirksam erklärt wurde,[196] als unsicheres Drittland einzuordnen, da die amerikanischen Datenschutzbestimmungen hinter den europäischen zurückliegen.[197] Allerdings besteht mit dem „Privacy Shield" ein Zertifikat für teilnehmende Unternehmen, zu denen auch Amazon.com Inc. gehört, welches als Garantie i.S.d. Art. 46 anzusehen ist.[198]

4.2.2 BDSG

Wie bereits erwähnt enthält die DSGVO mehrere Öffnungsklauseln für nationale Regelungen. Der sachliche Anwendungsbereich des BDSG orientiert sich an Art. 1 und umfasst die ganz oder teilweise automatisierte Verarbeitung personenbezogener Daten sowie die nicht automatisierte Verarbeitung personenbezogener Daten, die in einem Dateisystem gespeichert sind oder gespeichert werden sollen. Identisch zu Art. 2 Abs. 2 lit. c gilt das BDSG gem. § 1 Abs. 1 S. 2 Hs. 2 BDSG nicht, wenn eine Verarbeitung durch natürliche Personen, ausschließlich zur Ausübung familiärer oder privater Tätigkeiten erfolgt. Die Bedingungen für die Haushaltsausnahme sind identisch zu den unter 2.1.2.2 erläuterten. Nach ausführlicher Betrachtung der BDSG-Normen wird ersichtlich, dass das BDSG keine nationalen Regelungen enthält, die für die vorliegende Arbeit ausschlaggebend sind. § 4 BDSG regelt zwar die Videoüberwachung öffentlich zugänglicher Räume, was bei einem Smart Home

---

[195] EuGH, Urt. v. 06.11.2003, Rs. C-101/01, EuZW 2004, 245, Tz. 63; Urt. v. 06.10.2015, Rs. C-362/14, NJW 2015, 3151, Rs. 46.

[196] EuGH, Urt. v. 06.10.2015, Rs. C-362/14, NJW 2015, 3151, Rs. 46.

[197] *Laubach,* in: Roßnagel (Hrsg.), § 3 Rn. 148.

[198] a.a.O., § 3 Rn. 149.

denkbar wäre, diese Arbeit schließt aber explizit die Videoüberwachung der Au-
ßenanlagen aus.[199] In § 22 BDSG sind Ausnahmen in Bez. auf die Verarbeitung besonderer Kategorien personenbezogener Daten geregelt, u.a. für Verarbeitungen
zum Zweck der Gesundheitsvorsorge. Im Ambient Assisted Living[200] wären diese
Ausnahmen u.U. relevant, sie spielen jedoch ebenfalls keine Rolle i.V.m. dieser Arbeit. Auch § 24 BDSG, der Zweckänderungen im Falle von Gefahren für die öffentliche Sicherheit oder die Geltendmachung zivilrechtlicher Ansprüche zulässt, ist außer Acht zu lassen. § 32 Abs. 1 Nr. 1 bezieht sich nur auf analoge Datenverarbeitungen und ist daher ebenso unzutreffend wie die Ausnahmen der §§ 34, 35 oder § 37
der Ausnahmen zu automatisierten Entscheidungen enthält, allerdings nur bezo-
gen auf die Versicherungswirtschaft.

4.2.3 Weitere Datenschutzvorschriften

Dieser Abschnitt prüft, ob u.U. in anderen deutschen Gesetzen weitere Datenschutzvorschriften zu finden sind, die für den Themenbereich dieser Arbeit Bedeutung haben. In Frage kommen dafür das TKG sowie das TMG.

Ein bereichsspezifisches Datenschutzrecht besteht mit dem Messstellenbetriebs-
gesetz (MsbG) für den Bereich Smart Metering. Dieses hat den datenschutzrechtlichen Teil des EnWG ersetzt und enthält u.a. eigene Regeln zur Übermittlung personenbezogener Daten und zur Transparenz.[201]

Da der Smart-Meter-Datenschutzes ausdrücklich vom Thema der Arbeit ausgeschlossen wurde, besteht auch keine Veranlassung zu weiteren Ausführungen zum
MsbG an dieser Stelle.

4.2.3.1 Telekommunikationsgesetz

Das TKG enthält in den §§ 91 – 107 Vorschriften zum Datenschutz. Der Anwendungsbereich dieser Regelungen betrifft gem. § 91 Abs. 1 S. 1 TKG Anbieter öffentlicher und nicht-öffentlicher Netzwerke, die *geschäftsmäßig* TK-Dienste in TK-Net-
zen erbringen oder daran mitwirken. Damit scheidet der private Smart Home Betreiber als Anbieter aus, was zur Folge hat, dass die Anwendung der Datenschutzvorschriften aus §§ 91 – 107 TKG nicht in Betracht kommen.[202]

---

[199] s. Kap. II.

[200] s. Kap. II.

[201] *Keppeler,* EnWZ 2016, 99 (104).

[202] *Raabe/Weis,* RDV 2014, 231 (234).

4.2.3.2 Telemediengesetz

Auch im TMG sind Datenschutzvorschriften zu finden und zwar in §§ 11ff. TMG. Telemedien i.S.d. § 1 Abs. 1 S. 1 TMG sind alle elektronischen Informations- und Kommunikationsdienste, die keine TK-Dienste nach § 3 Nr. 24 TKG, TK-gestützte Dienste nach § 3 Nr. 25 TKG oder Rundfunk gem. § 2 RStV sind. Der Zweck des TMG ist es, Dienste zu regeln, die als Bild-, Text-, oder Toninhalt elektronisch zur Verfügung gestellt werden.[203]

Eine Home Service Plattform generiert i.d.R. keine visuellen Inhalte, sondern verarbeitet sowohl selbst erhobene, als auch fremde Daten zu eigenen Steuerungsprozessen.[204] Daraus folgt, dass eine Einordnung als Dienstebetreiber i.S.d TMG, für den Betreiber der Home Service Plattform nicht in Betracht kommt, wodurch er auch nicht dem TMG unterliegt.[205] Auch eine Einbindung von Diensten eines Service Providers ändert diesbezüglich nichts,[206] solange es sich nicht um Dienste handelt, die in akustisch oder optisch wahrnehmbarer Weise zur Verfügung gestellt werden.[207] Tritt dieser seltene Fall jedoch ein, liegt ein Telemediendienst vor, der durch den Hausbetreiber zur Verfügung gestellt wird, das TMG ist somit anwendbar.

Da es sich beim Smart Home Betreiber um einen privatrechtlichen Diensteanbieter handelt, der keine Aufgaben im öffentlichen Interesse ausführt, unterliegen in diesem Fall die Datenschutzvorschriften der §§ 11ff. TMG dem Anwendungsvorrang durch die DSGVO.[208] Diese ist gem. Art. 2 Abs. 1 auf jede automatisierte Verarbeitung personenbezogener Daten anwendbar. Da bei der Bereitstellung von Telemedien personenbezogene Daten i.d.R. automatisiert verarbeitet werden, sind die Regeln der DSGVO grds. auf die §§ 11ff. TMG anwendbar.

Die Grundsätze des § 12 TMG sind enger gefasst, als die Vorgaben zur Rechtmäßigkeit der Verarbeitung aus Art. 6 Abs. 1. Aus diesem Grund wird § 12 Abs. 1 TMG durch Art. 6 Abs. 1 und § 12 Abs. 2 TMG durch Art. 5 Abs. 1 lit. b und Art. 6 Abs. 4

---

[203] BT-Drs. 16/3078, S. 13.

[204] *Skistims,* Smart Homes, S. 457f.

[205] a.a.O., 457f.; *Raabe/Weis,* RDV 2014, 231 (234).

[206] a.a.O., 231 (234).

[207] BT-Drs. 16/3078, S. 13.

[208] *Geminn/Richter,* in: Roßnagel (Hrsg.), § 8 Rn. 124.

verdrängt.[209] § 12 Abs. 3 TMG bleibt anwendbar, da sich diese Norm aber auf nicht-automatisierte Verarbeitungen bezieht, spielt sie keine Rolle für das smarte Haussystem. Da die Pflichten des Diensteanbieters aus § 13 TMG, hinter den Informationspflichten der Artt. 12, 13 und 14 zurückbleiben, ist auch § 13 TMG nicht weiter anwendbar. Eine Ausnahme besteht nur für § 13 Abs. 4 Nr. 1 TMG und für Abs. 8, soweit nicht der Schutz personenbezogener Daten betroffen ist. Auch § 14 Abs. 1 TMG wird durch Art. 6 Abs. 1 lit. b verdrängt.[210] § 15 Abs. 1 und 2 TMG, die die Verarbeitung von Nutzerdaten regeln, sind nicht länger anwendbar, da sie der DSGVO widersprechen.[211] Ebenso verhält es sich mit § 15 Abs. 3 und 4 TMG.[212] § 15 Abs. 5 und Abs. 6 TMG sind genauso von der Anwendung durch private Anbieter ausgenommen,[213] wie auch die Absätze 7 und 8.[214] Im Falle einer Datenpanne verlangt § 15a TMG vom Diensteanbieter, unverzüglich die zust. Aufsichtsbehörde und die Betroffenen zu informieren, wozu er auf § 42a BDSG aF verweist. Diese Vorschrift normiert somit eine Informationspflicht beim Bekanntwerden von Datenpannen,[215] und wäre grds. mit der DSGVO kompatibel und anwendbar, würde sie nicht auf den ersatzlos entfallenen § 42a BDSG aF verweisen.[216] Auch § 16 Abs. 2 Nr. 2, 4 und 5 TMG werden verdrängt.

Abschließend betrachtet, bleiben für private Diensteanbieter, kaum Datenschutzvorschriften des TMG anwendbar. Der Smart Home Betreiber muss nur gem. § 13 Abs. 4 Nr. 1 TMG durch technische und organisatorische Maßnahmen sicherstellen, dass die Nutzung des Dienstes jederzeit beendet weden kann, andernfalls handelt er ordnungswidrig i.S.d. § 16 Abs. 2 Nr.1 TMG.

---

[209] a.a.O., § 8 Rn. 127.

[210] *a.a.O., § 8 Rn. 145.*

[211] a.a.O., § 8 Rn. 150f.

[212] a.a.O., § 8 Rn. 153.

[213] a.a.O., § 8 Rn. 154f.

[214] a.a.O., § 8 Rn. 156f.

[215] *Hornung,* ZD 2011, 51 (52); *Eckhardt/Schmitz,* DuD 2010, 390 (390).

[216] *Geminn/Richter,* in: Roßnagel (Hrsg.), § 8 Rn. 158.

5 Fallbezogene Analyse

Obwohl die Technik des Smart Home noch relativ jung ist, gibt es bereits etliche Anbieter, die die intelligente und vernetzte Technik in die Häuser und Wohnungen der Welt bringen möchten. Dazu gehören neben den großen Daten-Konzernen aus dem Silicon Valley auch viele Asiatische und Europäische Anbieter.

Um zu ermitteln welche datenschutzrechtliche Bedeutung die Auswahl der Haussteuerungstechnik bzw. deren Anbieter hat, wird im folgenden Kapitel eine datenschutzrechtliche Einschätzung von drei unterschiedlichen Smart Home Szenarien ausgeführt.

Im ersten Szenario wird dazu auf den von Amazon.com Inc. angebotenen Sprachsteuerungsassistenten Amazon Echo, auch bekannt als Alexa, zurückgegriffen. Ein weiterer Anbieter auf dem Markt für Steuerungen intelligenter Haussysteme ist die deutsche Telekom AG, deren Magenta Smart Home System wird Gegenstand des zweiten Abschnitts dieses Kap. sein. Abschließend wird im dritten Abschnitt auf die Möglichkeit eingegangen, ein Smart Home auf Basis einer selbst programmierten und verwalteten Home Service Plattform zu betreiben.

5.1 Amazon Echo

Der „Echo" ist zunächst ein smarter Lautsprecher und virtueller persönlicher Assistent, der über Sprachbefehle gesteuert wird und bspw. Musik abspielen, Kalendereinträge überprüfen oder Informationen aus dem Internet heraussuchen und wiedergeben kann. Er befindet sich die meiste Zeit im Ruhemodus und wird erst aktiviert, wenn die 7 eingebauten Mikrofone das Aktivierungswort „Alexa" erkennen. Dazu ist es allerdings unabdingbar, dass diese Mikrofone dauerhaft aktiv sind und die Umgebungsgeräusche aufnehmen, solange jedoch der Name Alexa nicht fällt, werden diese Daten umgehend wieder gelöscht. Wurde „Alexa" jedoch aktiviert, findet die Verarbeitung der erfassten Gespräche *cloudbasiert* statt, d.h. die erfassten Wörter werden zur Sinnermittlung an Amazon-Server übermittelt, wo die eigentliche Datenverarbeitung erfolgt. Welche Worte jeweils übermittelt werden, kann der Nutzer über die Alexa-App kontrollieren. Sämtliche verarbeiteten Sprachbefehle werden nach Bearbeitung in der *Cloud* gespeichert.

Über eine von Amazon betriebene Service Provider Plattform, kann der Echo auf zusätzliche Webdienste zurückgreifen. Dazu gehören auch Dienste, durch die er befähigt wird, bestimmte Geräte wie Thermostate, Steckdosen, Türschlösser und Überwachungskameras direkt zu steuern. Durch die Kombination mit einer

Steuerungszentrale eines anderen Herstellers kann der Sprachsteuerungsassistent auch in komplexe Haussysteme mit eingebunden werden, allein ist der Echo nicht zu automatisierten und situationsbedingten Handlungen fähig.

Für die Anwendung der DSGVO müsste zunächst eine Verarbeitung personenbezogener Daten vorliegen, die automatisiert erfolgt, oder gespeichert wird.

Wie unter 4.3.2.2 erläutert, sind sämtliche in einer smarten Wohnung anfallenden Daten als personenbezogen anzusehen, darunter fallen auch aufgezeichnete Sprachbefehle oder Gespräche. Auch eine automatisierte Verarbeitung liegt unzweifelhaft vor, womit der sachliche Anwendungsbereich des Art. 2 Abs. 1 betroffen ist.

Daraufhin ist zu ermitteln, wer als Verantwortlicher i.S.d. Art. 4 Nr. 7 anzusehen ist. Ausschlaggebend ist dazu, wer die wesentlichen Entscheidungen über die Verarbeitungsvorgänge trifft. Dass die Aktivierung des Assistenten und anschließende Sprachaufzeichnung durch den Betreiber geschehen und er die Möglichkeit hat „Alexa" auszuschalten oder vom Strom zu trennen, spricht für den Betreiber als Verantwortlichen. Dadurch, dass dauerhaft mitgehört und auf das Aktivierungswort gewartet wird, ist die Situation jedoch gleichzusetzen mit einem externen Dienst, der auf die Sensorik des Haussystems zugreifen kann.[217] Daraus ergibt sich eine gemeinsame Verantwortlichkeit für die Verarbeitungen, die innerhalb der Wohnung getätigt werden. Für die weitere Verarbeitung der Daten auf externen Servern ist jedoch Amazon allein verantwortlich.

Die getätigten Verarbeitungstätigkeiten unterliegen auf Grund des Marktortprinzips auch dem räumlichen Anwendungsbereich der Verordnung, da eine Beobachtung des Verhaltens von Kunden fester Teil des Geschäftsmodells von Amazon.

Eine Ausnahme vom Geltungsbereich der DSGVO, aus einem in Art. 2 Abs. 2 genannten Gründe. kommt nicht in Betracht, lit. c scheidet allein schon dadurch aus, dass die Verarbeitung nicht ausschließlich durch eine natürliche Person erfolgt.

Somit unterliegen alle Daten, die i.V.m. der Nutzung von „Alexa" anfallen, dem Datenschutzrecht der EU.

Die Einhaltung von Zweckbindung und Transparenz, sowie die Einholung gültiger Einwilligungen der Betroffenen, die darüber in Kenntnis zu setzen sind, dass ihre

---

[217] s. 4.2.1.3.1

Daten u.U. in die USA übermittelt und dort verarbeitet werden, verdient dabei besondere Aufmerksamkeit.

5.2 Telekom „Magenta SmartHome"

Auch die Deutsche Telekom AG bietet mit ihrem „Magenta SmartHome" Haussteuerungstechnik an. Herzstück des Systems bildet dabei die zentrale Steuerungseinheit „Home Base", die durch unterschiedlichste Geräte aus den Einsatzbereichen Energie, Komfort, Licht, Musik und Sicherheit ergänzt werden kann. Die Steuerung erfolgt über eine App auf dem Smartphone oder Tablet, aber auch automatisierte Vorgänge sind für bestimmte Bereiche erhältlich. Für die Nutzung der App ist eine Lizenz erforderlich, die kostenpflichtig von der Telekom vergeben wird. Die Kommunikation zwischen „Home-Base" und „Magenta-App" erfolgt nicht direkt, sondern über ein Backend[218]. Darüber hinaus werden alle anfallenden Daten in der „Magenta-Cloud" gespeichert und es ist nicht möglich die Funktionen des „Magenta Smarthome" auch ohne Internet-Anschluss zu nutzen.[219]

Auch für dieses System gilt die DSGVO, da personenbezogene Daten automatisiert verarbeitet werden. Der Betreiber der Home Service Plattform, die bei der Telekom Home Base genannt wird, ist bei diesem System der datenschutzrechtliche Verantwortliche, da er die Entscheidungsgewalt über die eingesetzten Techniken und Sensoren hat und den Umgang mit den erhobenen Daten zusätzlich durch Konfiguration der Systemkomponenten beeinflussen kann.

Zu prüfen ist jedoch, ob die Anwendung der DSGVO in diesem Fall nicht durch Art. 2 Abs. 2 lit. c ausgeschlossen ist. Dafür dürfte zunächst keinerlei berufliche oder wirtschaftliche Tätigkeit im Bereich der Wohnung ausgeübt werden. Auch dürfte es nicht zur Verarbeitung von Daten von Personen kommen, die nicht zur Familie oder den Freunden des Betreibers zählen. Trifft dies zu, so liegen die Voraussetzungen für eine Ausnahme vor, denn es handelt es sich beim Smart Home Betreiber um eine natürliche Person, die personenbezogene Daten ausschließlich zu persönlichen und familiären Zwecken verarbeitet. Wegen der Einbindung des externen Servers und der Datenspeicherung in der „Magenta-Cloud" kommt eine Ausnahme i.S.d. Art. 2 Abs. 2 lit. c allerdings nicht in Betracht, da nicht ausgeschlossen werden kann, dass Dritte Zugriff zu den personenbezogenen Daten erlangen.

---

[218] Kap. 3.4.
[219] telefonisch erteilte Aussagen des Telekom-Kundendienstes v. 16.05 und 23.05.2018.

Somit fallen auch Datenverarbeitungen im „Magenta Smarthome" in den Anwendungsbereich der DSGVO und unterliegen allen dort geregelten Grundsätzen und Pflichten.

5.3 Eigenes System

Technisch versierten Privatpersonen ist es auch möglich, sich ein Smart Home Steuerungssystem selbst einzurichten, zu programmieren und zu verwalten. Auch in diesem Fall wäre der Geltungsbereich der DSGVO zunächst zweifelsfrei betroffen, wobei sämtliche personenbezogene Daten innerhalb des privaten Bereichs des Betreibers verarbeitet werden würden. Wenn weder Betreiber noch sonstige Personen Verarbeitungen zu beruflichen, wirtschaftlichen oder sonstigen weitergehenden Zwecken betreiben und darüber hinaus sicherstellt wird, dass Datenverarbeitungen nur den Wohnungsinhaber und seine Familie und engen Freunde betreffen und keine Bereiche außerhalb der Wohnung von der Sensorik des Systems erfasst werden, so liegen alle Voraussetzungen für eine Ausnahme nach Art. 2 Abs. 2 lit. c vor. Demzufolge unterliegen Datenverarbeitungen durch das Haussteuerungssystem nicht den gesetzlichen Verpflichtungen aus der DSGVO. Der Betreiber muss allerdings ausschließen, dass eine Vollüberwachung weiterer Bewohner erfolgt und er darf auch keinen Austausch der verarbeiteten Daten mit Dritten betreiben. Der Betreiber ist darüber hinaus dazu verpflichtet bei zusätzlicher Integration technischer Komponenten in das System, darauf zu achten, dass keine externen Verarbeitungen bzw. Speicherungen nötig sind, da sonst die Ausnahme für den ausschließlich privaten Bereich erlöschen könnte.

6 Schlussbetrachtung und Ausblick

Im Ergebnis dieser Arbeit zeigt sich, dass die Auswahl eines Haussteuerungssystems einen erheblichen Einfluss auf dessen datenschutzrechtliche Bewertung und damit auch auf den nötigen Handlungsumfang des Smart Home Betreibers hat.

Darüber hinaus ist in Anbetracht der informationstechnischen Entwicklungen der letzten Jahre, insb. im Bereich IoT und Big-Data, ein erheblicher Anpassungsbedarf des Datenschutzrechts auszumachen. Weder die Anforderungen an eine rechtmäßige Einwilligung, noch der Transparenzgrundsatz oder die Zweckbindung sind in der Form, wie sie die DSGVO verlangt, bei Datenverarbeitungen in den genannten Bereichen durchsetzbar, ganz zu schweigen von dem Gebot der Datensparsamkeit. Besonders wenn man bedenkt, dass diese technischen Entwicklungen noch in den Kinderschuhen stecken, es aber durchaus denkbar ist, dass das Smart Home, *Connected Cars* und andere IoT-Techniken bald genauso alltäglich sind wie Smartphones und Tablet-PCs, wird deutlich, wie wichtig klare und vor allem durchsetzbare Datenschutzgesetze wären.

Einen guten Ansatz stellt wiederum der *Datenschutz durch Technik* dar, dem aber in der DSGVO leider nur eine unzufriedenstellende Relevanz zukommt, besonders, da versäumt wurde die Entwickler und Hersteller der Techniken mit in den Datenschutz einzubeziehen. Dieses Versäumnis, obwohl gerade die Einbeziehung der Hersteller seit langem in der Literatur gefordert wird, kann nur Verwunderung hervorrufen, ebenso wie die Tatsache, dass in einem neuen Gesetzeswerk so unzureichend auf die aktuellen Entwicklungen innerhalb der Gesellschaft und der Umwelt eingegangen werden konnte. Es bleibt demnach abzuwarten, ob und wie der Gesetzgeber in den nächsten Jahren auf die Informatisierung der Welt reagieren wird, die unaufhörlich voranschreitet.

Literaturverzeichnis

Abicht, Lothar/Spöttl, Georg, Qualifikationsentwicklungen durch das Internet der Dinge: Trends in Logistik, Industrie und „Smart House", Bielefeld 2012.

Albrecht, Jan Philipp, Das neue EU-Datenschutzrecht – von der Richtlinie zur Verordnung, CR 2016, 88 – 98.

Albrecht, Jan Philipp/Jotzo, Florian, Das neue Datenschutzrecht der EU – Grundlagen, Gesetzgebungsverfahren, Synopse, Baden-Baden 2017.

Alich, Stefan/Nolte, Georg, Zur datenschutzrechtlichen Verantwortlichkeit (außereuropäischer) Hostprovider für Drittinhalte, CR 2011, 741 – 745.

Andelfinger, Volker/Hänisch, Till, Internet der Dinge – Technik, Trends und Geschäftsmodelle, Wiesbaden 2015.

Art.-29-Datenschutzgruppe, Stellungn. 1/2010 zu den Begriffen „für die Verarbeitung Verantwortlicher" und „Auftragsverarbeiter", WP 169.

Art.-29-Datenschutzgruppe, Stellungn. 4/2007 zum Begriff „personenbezogene Daten", WP 136.

Auernhammer (Begr.), DSGVO BDSG Datenschutz-Grundverordnung, Bundesdatenschutzgesetz und Nebengesetze Kommentar, 5. Auflage, Köln 2017 (zitiert: Autor, in: Auernhammer, DSGVO BDSG).

Balow, Jörg, Systeme der Gebäudeautomation - ein Handbuch zum Planen, Errichten, Nutzen, Karlsruhe 2012.

Bauer, Christoph/Eickmeier, Frank/Eckard, Michael, E-Health: Datenschutz und Datensicherheit – Herausforderungen und Lösungen im IoT-Zeitalter, Wiesbaden 2018.

Baumgartner, Ulrich/Gausling, Tina, Datenschutz durch Technikgestaltung und datenschutzfreundliche Voreinstellungen – was Unternehmen jetzt nach der DS-GVO beachten müssen, ZD 2017, 308 – 313.

Behrendt, Siegfried, Integriertes Roadmapping – Nachhaltigkeitsorientierung in Innovationsprozessen des Pervasive Computing, Berlin Heidelberg 2010.

Blazy, Stephan in: Roßnagel, Alexander (Hrsg.), Das neue Datenschutzrecht – Europäische Datenschutz-Grundverordnung und deutsche Datenschutzgesetze, Baden-Baden 2018, S. 154 – 163 (zitiert: Blazy, in: Roßnagel (Hrsg.)).

Bock, Kirsten/Rost, Martin, Privacy by Design und die neuen Schutzziele – Grundsätze, Ziele und Anforderungen, DuD 2011, 30 – 35.

Böhme-Neßler, Volker, Das Ende der Anonymität – Wie Big Data das Datenschutzrecht verändert, DuD 2016, 419 – 423.

Bornemann, Dirk/Wetzel, Lennart, Die EU-Datenschutzverordnung in der Umsetzung: Eine Diskussion über Chancen und Herausforderungen, RDV 2016, 253 – 258.

Buchner, Benedikt/Kühling, Jürgen, Die Einwilligung in der Datenschutzordnung 2018, DuD 2017, 544 – 548.

Bundesamt für Sicherheit in der Informationstechnik -BSI, Pervasive Computing: Entwicklungen und Ausblick, Bonn 2006.

Bundesministerium für Wirtschaft und Technologie, Intelligente Heimvernetzung – Praxisnahe Informationen für Hersteller, Anwender und Dienstleister, Band 3, Berlin 2008 (zitiert: BMWi, Intelligente Heimvernetzung).

Capgemini Consulting, Smart Home – Zukunftschancen verschiedener Industrien, Paris 2011.

Conrad, Isabell, „Accountability by Design" – die neue Lösung im Datenschutz, ZD 2016, 553 – 554.

Coroama, Vlad/Handy, Matthias, Wohin verschwindet der Computer? Ein kontroverser E-Mail-Wechsel, in: Mattern, Friedemann (Hrsg.), Die Informatisierung des Alltags – Leben in smarten Umgebungen, Berlin Heidelberg 2007, S. 329 – 350 (zitiert: Coroama/Handy, in: Mattern (Hrsg.)).

Czernohous, Christoph, Pervasive Linux – Basistechnologien, Softwareentwicklung Werkzeuge, Berlin Heidelberg 2012.

Dammann, Ulrich, Erfolge und Defizite der EU-Datenschutzgrundverordnung – Erwarteter Fortschritt, Schwächen und überraschende Innovationen, ZD 2016, 307 – 314.

Denk, Heiko/Paul, Sandra/Roßnagel, Alexander/Schnellenbach-Held, Martina, Der Einsatz intelligenter Softwareagenten im elektronischen Vergabeverfahren, NZBau 2004, 131 – 135.

Dhanjani, Nitesh, IoT-Hacking – Sicherheitslücken im Internet der Dinge erkennen und schließen, Heidelberg 2016.

Diekmann, Thomas, Ubiquitous Computing – Technologien im betrieblichen Umfeld, Göttingen 2007.

Dix, Alexander, Datenschutz und Informationsfreiheit, Jahresbericht des Berliner Beauftragten für Datenschutz und Informationsfreiheit 2013, Berlin 2013.

Djeffal, Christian, Das Internet der Dinge und die öffentliche Verwaltung – Auf dem Weg zum automatisierten Smart Government? DVBl 2017, 808 – 816.

Düsseldorfer Kreis, Beschluss der obersten Aufsichtsbehörde für den Datenschutz im nicht-öffentlichen Bereich vom 27.11.2009 in Stralsund.

Eckhardt, Jens, IP-Adresse als personenbezogenes Datum – neues Öl ins Feuer, CR 05/2011, 339 -344.

Eckhardt, Jens/Kramer, Rudi, EU-DSGVO – Diskussionspunkte aus der Praxis, DuD 2013, 287 – 294.

Eckhardt, Jens/Schmitz, Peter, Informationspflicht bei „Datenschutzpannen", DuD 2010, 390 – 397.

Ehmann, Eugen/Selmayr, Martin, DSGVO Datenschutz-Grundverordnung Kommentar, München 2017 (zitiert: Autor, in: Ehmann/Selmayr, DSGVO).

Ernst, Stefan, Die Einwilligung nach der Datenschutzgrundverordnung – Anmerkungen zur Definition nach Art. 4 Nr. 11 DS-GVO, ZD 2017, 110 – 114.

Ferscha, Alois, Pervasive Computing: connected > aware > smart, in: Mattern, Friedemann (Hrsg.), Die Informatisierung des Alltags – Leben in smarten Umgebungen, Berlin Heidelberg 2007, S. 3 – 10 (zitiert: Ferscha, in: Mattern (Hrsg.)).

Fladung, Armin/Pötters, Stephan, in: Wybitul, Tim (Hrsg.), Handbuch EU-Datenschutz-Grundverordnung, Frankfurt am Main 2017, S. xxx - xxx (zitiert: Fladung/Pötters, in: Wybitul (Hrsg.)).

Gehrling, Sebastian/Rossow, Christian, Angreiferjagd im „Internet der Dinge" – wenn der Kühlschrank zur Falle wird, DuD 2016, 507 – 510.

Geminn, Christian, Das Smart Home als Herausforderung für das Datenschutzrecht – Enthält die DSGVO risikoadäquate Regelungen? DuD 2016, 575 – 580.

Geminn, Christian/Richter, Philipp, in: Roßnagel, Alexander (Hrsg.), Das neue Datenschutzrecht – Europäische Datenschutz-Grundverordnung und deutsche Datenschutzgesetze, Baden-Baden 2018, S. 347 – 372 (zitiert: Geminn/Richter, in: Roßnagel (Hrsg.)).

Gerlach, Carsten, Personenbezug von IP-Adressen – Praktische Konsequenzen aus dem Urteil des LG Berlin vom 31.1.2013, CR 07/2013, 478 – 484.

Gierschmann, Sibylle (Hrsg.), Kommentar Datenschutz-Grundverordnung, Köln 2017 (zitiert: Autor, in: Gierschmann, Kommentar DSGVO).

Gola, Peter (Hrsg.), DS-GVO Datenschutzgrundverordnung VO (EU) 2016/679, Kommentar, München 2017 (zitiert: Autor, in: Gola, DS-GVO).

Hansen, Marit, Das Netz im Auto & das Auto im Netz – Herausforderungen für eine datenschutzgerechte Gestaltung vernetzter Fahrzeuge, DuD 2015, 367 – 371.

Harke, Werner, Smart Home - Vernetzung von Haustechnik und Kommunikationssystemen im Wohnungsbau, Heidelberg 2004.

Härting, Niko, Anonymität und Pseudonymität im Datenschutzrecht, NJW 2013, 2065 – 2071.

Hilty, Lorenz, Risiken und Nebenwirkungen der Informatisierung des Alltags, in: Mattern, Friedemann (Hrsg.), Die Informatisierung des Alltags – Leben in smarten Umgebungen, Berlin Heidelberg 2007, S. 187 – 205 (zitiert: Hilty, in: Mattern (Hrsg.)).

Hofmann, Johanna, in: Roßnagel, Alexander (Hrsg.), Das neue Datenschutzrecht – Europäische Datenschutz-Grundverordnung und deutsche Datenschutzgesetze, Baden-Baden 2018, S. 172 – 183 (zitiert: Hofmann, in: Roßnagel (Hrsg.)).

Hofmann, Kai/Hornung, Gerrit, Rechtliche Herausforderungen des Internets der Dinge, in: Engemann, Cristoph/Sprenger, Florian (Hrsg.), Das Internet der Dinge – über smarte Objekte, intelligente Umgebungen und die technische Durchdringung der Welt, Bielefeld 2015 (zitiert: Hofmann/Hornung, in: Engemann/Sprenger (Hrsg.), Internet der Dinge).

Hornung, Gerrit, Datenschutz durch Technik in Europa – Die Reform der Richtlinie als Chance für ein modernes Datenschutzrecht, ZD 2011, 51 – 56.

Hornung, Gerrit, Der Personenbezug biometrischer Daten, DUD 2004, 429–431.

Hornung, Gerrit, Ein neues Grundrecht – Der verfassungsrechtliche Schutz der „Vertraulichkeit und Integrität informationstechnischer Systeme", CR 2005, 299 – 306.

Hornung, Gerrit, Kontrollierte Vernetzung – vernetzte Kontrolle? Das Recht in Zeiten des Ubiquitous Computing, in: Hempel, Leon/Krasmann, Susanne/Bröckling, Ulrich (Hrsg.), Sichtbarkeitsregime. Überwachung, Sicherheit und Privatheit im 21. Jahrhundert, Wiesbaden 2011 (zitiert: Hornung, in: Hempel/Krasmann/Bröckling (Hrsg.)).

Hornung, Gerrit, Verfügungsrechte an fahrzeugbezogenen Daten – Das vernetzte Auto zwischen innovativer Wertschöpfung und Persönlichkeitsschutz, DuD 2015, 359 – 366.

Husemann, Charlotte in: Roßnagel, Alexander (Hrsg.), Das neue Datenschutzrecht – Europäische Datenschutz-Grundverordnung und deutsche Datenschutzgesetze, Baden-Baden 2018, S. 186 – 192 (zitiert: Husemann, in: Roßnagel (Hrsg.)).

Keppeler, Lutz Martin, Personenbezug und Transparenz im Smart Meter-Datenschutz zwischen europäischem und nationalem Recht – Keine klare Entwicklungslinie durch BDSG, EnWG, MsbG und DS-GVO, EnWZ 2016, 99-106.

Kort, Michael, Die Zukunft des deutschen Beschäftigtendatenschutzes – Erfüllung der Vorgaben der DSGVO, ZD 2016, 555 – 561.

Kroschwald, Steffen, Informationelle Selbstbestimmung in der Cloud – Datenschutzrechtliche Bewertung und Gestatlung des Cloud Computing aus dem Blickwinkel des Mittelstands, Wiesbaden 2016.

Kühling, Jürgen, Datenschutz in einer künftigen Welt allgegenwärtiger Datenverarbeitung – Aufgabe des Rechts?, Die Verwaltung 2007, 153 – 172.

Kühling, Jürgen/Buchner, Benedikt (Hrsg.), Datenschutz-Grundverordnung Kommentar, München 2017 (zitiert: Autor, in: Kühling/Buchner, DSGVO)

Kühling, Jürgen/Buchner, Benedikt (Hrsg.), DSGVO BDSG Datenschutz-Grundverordnung Bundesdatenschutzgesetz Kommentar, 2.Auflage, München 2018 (zitiert: Autor, in: Kühling/Buchner, DSGVO BDSG).

Kühling, Jürgen/Martini, Mario, Die Datenschutz-Grundverordnung: Revolution oder Evolution im europäischen und deutschen Datenschutzrecht?, EuZW 2016, 448 – 454.

Kühling, Jürgen/Seidel, Christian/Sivridis, Anastasios, Datenschutzrecht, 3. Auflage, Heidelberg 2015.

Kühling,Jürgen/Klar, Manuel, Unsicherheitsfaktor Datenschutzrecht – Das Beispiel des Personenbezugs und der Anonymität, NJW 2013, 3611 – 3617.

Langheinrich, Marc, Die Privatsphäre im Ubiquitous Computing – Datenschutzaspekte der RFID-Technologie, in: Fleisch, Elgar/Mattern, Friedemann (Hrsg.), Das Internet der Dinge – Ubiquitous Computing und RFID in der Praxis, Berlin/Heidelberg 2005, S. 329 – 362 (zitiert: Langheinrich in: Fleisch/Mattern (Hrsg.)).

Lüdemann, Volker, Connected Cars – Das vernetzte Auto nimmt Fahrt auf, der Datenschutz bleibt zurück, ZD 2015, 247 – 254.

Mattern, Friedemann, die technische Basis für das Internet der Dinge, in: Fleisch, Elgar/Mattern, Friedemann (Hrsg.), Das Internet der Dinge – Ubiquitous Computing und RFID in der Praxis, Berlin/Heidelberg 2005, S. 39 – 71 (zitiert: Mattern, in: Fleisch/Mattern (Hrsg.)).

Mayer-Schönberger, Viktor/Cukier, Kenneth, Big Data: Die Revolution, die unser Leben verändern wird, München 2013.

Merz, Hermann/Hansemann, Thomas/Hübner, Christof, Gebäude-automation – Kommunikationssysteme mit EIB/KNX, LON und BACnet, München 2007.

Möllers, Frederic/Vogelsang, Stephanie, Smart-Home-Systeme in Zeiten digitaler Kriminalität, DUD 2016, 497 – 502.

Monreal, Manfred, „Der für die Verarbeitung Verantwortliche" – das unbekannte Wesen des deutschen Datenschutzrechts, ZD 2014, 611 – 616.

Monreal, Manfred, Weiterverarbeitung nach einer Zweckänderung in der DS-GVO – Chancen nicht nur für das europäische Verständnis des Zweckbindungsgrundsatzes, ZD 2016, 507 – 512.

Morgenroth, Markus, Sie kennen dich! Sie haben dich! Sie steuern dich! – Die wahre Macht der Datensammler, München 2014.

Müller, Jürgen, Auto-ID-Verfahren im Kontext allgegenwärtiger Datenverarbeitung – Datenschutzrechtliche Betrachtung des Einsatzes von RFID-Systemen, Wiesbaden 2016.

Nebel, Maxi/Richter, Philipp, Datenschutz bei Internetdiensten nach der DSGVO – Vergleich der deutschen Rechtslage mit dem Kommissionsentwurf, ZD 2012, 407 – 413.

Obermaier, Robert, Industrie 4.0 als unternehmerische Gestaltungsaufgabe: Strategische und operative Handlungsfelder für Industriebetriebe, in: Obermaier (Hrsg.), Industrie 4.0 als unternehmerische Gestaltungsaufgabe – Betriebswirtschaftliche, technische und rechtliche Herausforderungen, 2. Auflage, Wiesbaden 2017, S. 3 – 34 (zitiert: Obermaier, in: Obermaier (Hrsg.)).

Paal, Boris/Pauly, David (Hrsg.), Datenschutz-Grundverordnung Kommentar, München 2017 (zitiert: Autor, in: Paal/Pauly, DSGVO).

Pahlen-Brandt, Ingrid, Datenschutz braucht scharfe Instrumente – Beitrag zur Diskussion um „personenbezogene Daten", DUD 2008, 34 – 40.

Petrlic, Ronald/Sorge, Christoph, Datenschutz – Einführung in technischen Datenschutz, Datenschutzrecht und angewandte Kryptographie, Wiesbaden 2017.

Piltz, Carlo, Der räumliche Anwendungsbereich europäischen Datenschutzrechts – Nach geltendem und zukünftigem Recht, K&R 2013, 292 – 297.

Piltz, Carlo, Die Datenschutz-Grundverordnung – Teil 3: Rechte und Pflichten des Verantwortlichen und Auftragsverarbeiters, K&R 2016, 709 – 717.

Plath, Kai-Uwe (Hrsg.), BDSG/DSGVO – Kommentar zum BDSG und zur DSGVO sowie den Datenschutzbestimmungen von TMG und TKG, 2. Aufl., Köln 2016 (zitiert: Autor, in: Plath, BDSG/DSGVO).

Pollmann, Maren/Kipker, Dennis-Kenji, Informierte Einwilligung in der Online-Welt, DuD 2016, 378 – 381.

Pötters, Stephan/Böhm, Wolf-Tassilo in: Wybitul, Tim (Hrsg.), EU-Datenschutz-Grundverordnung – Handbuch, Frankfurt am Main 2017 (zitiert: Pötters/Böhm, in: Wybitul (Hrsg.)).

Raabe, Oliver/Weiß, Eva, Datenschutz im „Smart Home", RDV 2014, 231 – 240.

Rat der Europäischen Union, Vorschlag für eine Verordnung des Europäischen Parlaments und des Rates zum Schutz natürlicher Personen bei der Verarbeitung personenbezogener Daten und zum freien Datenverkehr (Datenschutzgrundverordnung), Dok.-Nr. 9565/15, Brüssel 11.06.2015.

Reinis, Mathias, Datenschutz durch Technikgestaltung und datenschutzfreundliche Voreinstellungen, Datenschutz-Berater 2017, 187 – 190.

Richter, Edwin, Smart Home – so wird´s gemacht – Ein Ratgeber für Fachleute und Bauherren, München/Heidelberg, 2006.

Richter, Markus, Nutzenoptimierter RFID-Einsatz in der Logistik – Eine Handlungsempfehlung zur Lokalisierung und Bewertung der Nutzenpotenziale von RFID-Anwendungen, Berlin 2013.

Richter, Philipp, Big Data, Statistik und die Datenschutz-Grundverordnung, DuD 2016, 581 – 586.

Richter, Philipp, Datenschutz zwecklos? – Das Prinzip der Zweckbindung im Ratsentwurf der DSGVO, DuD 2015, 735 – 740.

Roßnagel, Alexander in: Roßnagel, Alexander (Hrsg.), Das neue Datenschutzrecht – Europäische Datenschutz-Grundverordnung und deutsche Datenschutzgesetze, Baden-Baden 2018, S. 23 – 54 (zitiert: Roßnagel, in: Roßnagel (Hrsg.)).

Roßnagel, Alexander, Datenschutz in einem informatisierten Alltag - Gutachten, Berlin 2007.

Roßnagel, Alexander, Datenschutzaufsicht nach der EU-Datenschutz-Grundverordnung – Neue Aufgaben und Befugnisse der Aufsichtsbehörden, Wiesbaden 2017.

Roßnagel, Alexander, Grundrechtsausgleich beim vernetzten Automobil – Herausforderungen, Leistungsfähigkeit und Gestaltungsbedarf des Rechts, DuD 2015, 353 – 358.

Roßnagel, Alexander, Informationelle Selbstbestimmung in der Welt des Ubiquitous Computing, in: Mattern, Friedemann (Hrsg.), Die Informatisierung des Alltags – Leben in smarten Umgebungen, S. 265 – 289 (zitiert: Roßnagel, in: Mattern (Hrsg.)).

Roßnagel, Alexander, Modernisierung des Datenschutzrechts für eine Welt allgegenwärtiger Datenverarbeitung, MMR 2005, 71 – 75.

Roßnagel, Alexander, Selbst- oder Fremdbestimmung – Die Zukunft des Datenschutzes, in: Roßnagel, Alexander/Sommerlatte, Tom/Winand, Udo (Hrsg.), Digitale Visionen – Zur Gestaltung allgegenwärtiger Informationstechnologien, S. 123 – 163 (zitiert: Roßnagel, in: Roßnagel/Sommerlatte/Winand (Hrsg.)).

Roßnagel, Alexander/Geminn, Christian/Jandt, Silke/Richter, Philipp, Datenschutzrecht 2016 „Smart" genug für die Zukunft? – Ubiquitous Computing und Big Data als Herausforderung des Datenschutzrechts, Kassel 2016.

Roßnagel, Alexander/Kroschwald, Steffen, Was wird aus der Datenschutzgrundverordnung? – Die Erschließung des Europäischen Parlaments über ein Verhandlungsdokument, ZD 2014, 495 – 500.

Roßnagel, Alexander/Müller, Jürgen, Ubiquitous Computing – neue Herausforderungen für den Datenschutz Ein Paradigmenwechsel und die von ihm betroffenen normativen Ansätze, CR 2004, 625 – 632.

Roßnagel, Alexander/Nebel, Maxi/Richter, Philipp, Was bleibt vom Europäischen Datenschutzrecht? Überlegungen zum Ratsentwurf der DS-GVO, ZD 2015, 455 – 460.

Roßnagel, Alexander/Nebel, Maxi/Richter, Philipp, Besserer Internetdatenschutz für Europa – Vorschläge zur Spezifizierung der DSGVO, ZD 2013, 103 – 108.

Roßnagel, Alexander/Pfitzmann, Andreas/Garstka, Hansjürgen, Modernisierung des Datenschutzrechts – Gutachten im Auftrag des Bundesministeriums des Innern, 2001.

Roßnagel, Alexander/Scholz, Philip, Datenschutz durch Anonymität und Pseudonymität – Rechtsfolgen der Verwendung anonymer und pseudonymer Daten, MMR 2000, 721 – 731.

Rüdiger, Benjamin, Smart Home – intelligentes Wohnen ohne Privatsphäre?, RDV 2014, 253 – 258.

Rudkowski, Lena, Versicherungsrechtliche Probleme des vernetzten Zuhauses („Smart Home"), VersR 2017, 1 – 10.

Schaar, Peter, Datenschutz im Internet – Die Grundlagen, München 2002.

Schantz, Peter, Die Datenschutz-Grundverordnung – Beginn einer neuen Zeitrechnung im Datenschutzrecht, NJW 2016, 1841 – 1847.

Schantz, Peter, in: Schantz, Peter/Wolff, Amadeus, Das neue Datenschutzrecht – Datenschutz-Grundverordnung und Bundesdatenschutzgesetz in der Praxis, München 2017, S. 119 – 125 (zitiert: Schantz, in: Schantz/Wolff (Hrsg.)).

Schiefer, Michael/Lösche, Ulf/Morgenstern, Maik, AV-Test-Studie - 7 Smart-Home-Kits im Sicherheits-Test, Magdeburg 2014.

Schmidt-Casdorff, Christoph/Vogel, Thomas, OSGi – Einstieg und Überblick, Frankfurt am Main 2009.

Schneider, Christian, Interoperabilität im Internet der Dinge – Konzeption und Implementierung unter Verwendung der CloudRail-API, Offenburg 2016.

Simitis, Spiros (Hrsg.), Bundesdatenschutzgesetz Kommentar, 8. Auflage, Baden-Baden 2014 (zitiert: Autor, in: Simitis, BDSG).

Simitis, Spiros/Hornung, Gerrit/Spiecker, Indra (Hrsg.), Datenschutzrecht, DSGVO mit BDSG Großkommentar, Baden-Baden i.E. (zitiert: Autor, in: Simitis/Hornung/Spiecker, Datenschutzrecht).

Skistims, Hendrik, Smart Homes - Rechtsprobleme intelligenter Haussysteme unter besonderer Beachtung des Grundrechts auf Gewährleistung der Vertraulichkeit und Integrität informationstechnischer Systeme, Baden-Baden 2016.

Steinebach, Martin/Jung, Christian/Krempel, Erik/Hoffmann, Mario, Datenschutz und Datenanalyse – Herausforderungen und Lösungsansätze, DuD 2016, 440 – 445.

Sydow, Gernot (Hrsg.), Europäische Datenschutzgrundverordnung, Handkommentar, Baden-Baden 2017 (zitiert: Autor, in: Sydow, Europäische Datenschutzgrundverordnung).

Tinnefeld, Marie-Theres, Geschützte Daten, in: Roßnagel, Alexander (Hrsg.), Handbuch Datenschutzrecht – die neuen Grundlagen für Wirtschaft und Verwaltung, München 2003, S. 485 – 500 (zitiert: Tinnefeld in: Roßnagel (Hrsg.) 2003).

Voigt, Paul/Von dem Bussche, Axel, EU-Datenschutz-Grundverordnung - Praktikerhandbuch, Berlin Heidelberg 2018.

Von Grafenstein, Maximilian, Das Zweckbindungsprinzip zwischen Innovationsoffenheit und Rechtssicherheit – Zur mangelnden Differenzierung der Rechtsgüterbetroffenheit in der Datenschutz-VO, DuD 2015, 789 – 795.

Weber, Rolf, Liability in the Internet of Things, EuCML 2017, 207 – 212.

Wehage, Jan-Christoph, Das Grundrecht auf Gewährleistung der Vertraulichkeit und Integrität informationstechnischer Systeme und seine Auswirkungen auf das bürgerliche Recht, Göttingen 2013.

Weichert, Thilo, Der Personenbezug von Geodaten, DUD 2007, 17 – 23.

Weiser, Mark, The Computer for the 21st Century – Specialized elements of hardware and software, connected by wires, radio waves and infrared, will be so ubiquitous that no one will notice their presence, Scientific American 1991, 94 (94).

Westermeir, Günther, Diversitäre Zugangs- und Sicherheitsmechanismen angewendet in automatisierten Gebäuden, München 2004.

Wolff, Amadeus, in: Schantz, Peter/Wolff, Amadeus (Hrsg.), Das neue Datenschutzrecht – Datenschutz-Grundverordnung und Bundesdatenschutzgesetz in der Praxis, München 2017, S. 126 – 149 (zitiert: Wolff, in: Schantz/Wolff (Hrsg.)).